우리는 영어를 어떻게 배우는가

영어교육, 영어습득, 영어학습에 관한 단상과 에피소드

박 길 수

지문당

추천의 글

박길수 교수님의 저서 『우리는 영어를 어떻게 배우는가』의 추천사를 쓰게 됨을 기쁘게 생각합니다.

추천사를 쓰기 위해 이 책의 내용을 꼼꼼히 읽어보니 다음과 같은 세 가지 특징이 있음을 알게 되었습니다.

첫째, 다른 여타의 책은 저자들이 영어교육 비전문가로서, 자신이 생각하는 주관적인 생각이나 상식 수준의 주장을 펴는 에세이들이 많았습니다. 그러나 이 책은 영어교육학을 미국에서 전공하고, 한국에서 영어교육학 박사를 받으면서 30년 이상 한국 영어교육에 관해 연구하고 고민하고 있는 전문가가 쓴 것입니다.

둘째, 이 책에는 영어교육 학습에 관한 이론과 경험이 묻어 있습니다. 그래서 독선적이거나 혼사만의 이야기가 아닌, 이론적 근거와 경험이 들어 있습니다. 이런 사실은 이 책의 처음부터 끝에 나오는 참고문헌에 이르기까지 곳곳에 잘 나타나 있습니다. 그리고 매 장 후반부에 저자의 이론을 입증하는 생생한 체험과 실례를 포함시킴으로써, 이론과 실제를 잘 접목하고 있는 것도 큰 장점입니다.

셋째, 이 책에서는 통찰적인 예를 통한 유익한 읽을거리를 제공하고 있습니다. 이런 예들은 여타의 비전문가가 쓴 영어교육 관련서에서는 찾아볼 수 없는 참신한 특징입니다.

『우리는 영어를 어떻게 배우는가』를 읽어보면 저자의 고백처럼

이 책에 관해 많은 기간 동안 준비하고 고민한 흔적을 엿볼 수 있습니다. 그래서 이 책은 영어교육이나 영어학습 교양서로 읽힐 수 있을 뿐만 아니라, 사범대 영어교육과에서 '영어교육론 입문서'나 토론서로 사용해도 손색이 없다고 봅니다. 아울러 이 책은 시간을 초월하여 우리나라 영어교육에 관한 고민과 문제를 해결하는 지침서로도 쓰일 수 있을 것입니다.

끝으로 이 책이 많은 분들에게 읽혀서 우리나라 영어교육이 진일보하는 데 일조할 수 있게 되기를 바라는 마음 간절합니다.

동작구 흑석동 서라벌홀에서

2008년 3월

차경환(중앙대 영어교육과 교수)

머리말

어떻게 하면 영어를 좀 더 잘할 수 있을까? 새 정부에서 공교육 영어수업을 영어로 진행하겠다고 발표한 다음부터 학생은 학생대로, 교사는 교사대로, 학부모는 학부모대로, 그리고 직장인은 직장인대로 이러한 고민을 하고 있다.

어떻게 하면 영어공부의 효율을 높일 수 있을까, 어떻게 하면 좀 더 빨리, 좀 더 확실하게, 좀 더 많이 영어에 대한 견고한 이해에 도달하고 확고한 지식과 기능을 갖출 수 있을까? 그러나 이 문제는 간단한 답이 나오지 않는 복잡한 문제이다.

가장 큰 이유는 언어가 우리의 뇌와 깊은 관련을 맺고 있기 때문이다. 우리에게 뇌는 아직도 신비이다. 우리가 현재 뇌에 대해서 알고 있는 것은 빙산의 일각일 뿐이다. 그리고 뇌에 대해서 시원스럽게 알지 못하는 것처럼 언어에 대해서도 깊이 들어가 보면 확실히 아는 게 별로 없다. 이런 불확실성이 영어에 대한 이해와 영어를 익히는 방법에 대해 수많은 억측을 낳게 하고 시행착오를 겪게 한다.

영어는 거시적으로 보면 국제적이며 사회적인 현상이다. 영어는 권력도 가지고 있다. 가진 자와 못 가진 자를 차별하기도 한다. 당장 우리나라에서는 '잉글리시 디바이드'(English Divide), 즉 영어능력으로 인한 심각한 사회적 격차를 만들어내어 우리 사회의 양극화를 조장하는 주범 중 하나가 되어 있다. 양극화 문제의 해결이 결코 쉽지 않다는 것을 우리 모두는 잘 알고 있다. 영어가 그 문제의 한가운데 있다.

더군다나 우리에겐 시간이 없다. 영어를 잘 배워야 할 뿐만 아니라 그것도 '빨리빨리' 배워야 한다. 개인적으로도 그렇고 국가적으로도 그렇다. 그래서 자꾸만 조급한 마음이 생기고 이것이 문제를 바라보는 넓은 시각과 유연한 사유를 방해하고 결과적으로 최선의 해결책을 찾는 데 어려움을 겪게 한다. 지금은 조금만 더 여유를 가지며 뒤돌아보고 좀 더 합리적인 해결책이 없을지를 고민하면서 우리 안의 혁명을 준비해야 할 때라고 본다. 영어학습에 대한 혁명적 사고 없이는 한국인이 영어 잘하기는 실제로 어려운 일이기 때문이다.

미국에서 공부할 때 티에르와 폴이라고 하는 젊은 프랑스 대학생 청년들과 친구가 된 적이 있었다. 사대주의 근성이었을까? 그들과 대화할 때면 말로만 듣던 프랑스 사람과 대화하고 친구가 된다는 생각이 나를 우쭐하게 만들었다. 그리고 미국 대학생들과는 달리 그들과 대화할 때는 내 영어가 결코 뒤처지지 않아서 좋았다.

그러나 그 기간은 오래가지 않았다. 한 학기가 지나자 그들은 미국 학생들과 어울렸다. 나와 잘 상대해 주지 않았다. 한 학기 만에 그들의 영어실력이 일취월장해버린 탓이다. 그들이 미국 여학생과 다정하게 속삭이는 모습은 내가 보기에도 잘 어울렸고 멋져 보였다. 프랑스 사람이 영어를 배우는 것은 식은 죽 먹기구나 하는 생각을 그때 처음 했다. 나중에 알고 보니 그것은 이름하여 '모국어 효과'(Native Language Effect)였다.

프랑스 사람에게는 쉬운 영어가 우리나라 사람에게는 정말 어렵다. 영어를 배우고 전공한 지 꽤 오래되었지만 나에게 영어는 여전히 어렵다. 나는 '영어 9단'이라고 때로는 큰소리도 쳐보지만 말하기와 듣기는 물론 읽기와 쓰기조차 여전히 어렵다.

영어를 잘하고 싶어 영어 관련 학과에 들어간 이후 평생 동안 영어만 붙들고 살아온 사람들에게도 사실 영어는 이렇게 어렵다.

그런 영어를 지금 전 국민이 붙들고 씨름하고 있는 것을 본다. 아이들은 아이들대로, 학부모는 학부모대로, 직장인은 직장인대로, 정말 전 국토가 영어 때문에 몸살을 앓고 있다.

어떻게 하면 영어를 잘할 수 있을까? 이것이 지금 전 국민의 최대 관심사다.

모두들 하는 생각을 나도 해보았다. 조금 더 적극적으로, 그리고 방법론적으로 대안을 찾으면서. 수년간 줄기차게 문제의식을 가지고 생각도 해보고, 때로는 도서관에 가서 자료도 찾아보고, 신문에 난 기사들을 스크랩도 해보고, 인터넷도 뒤지고, 하나둘씩 자료와 정보를 모아보았다. 물론 저술 의도를 가지고 그랬고, 결과물로 나타난 것이 이 책이다.

이 주제와 문제의식을 가지고 전문가들뿐만 아니라 영어교육, 영어습득, 영어학습에 관심을 가진 일반 대중들과 소통하고 싶었다. 많은 사람들이 이 문제를 바로 알아야 한다는 생각을 했기 때문이다. 잘못 알려진 정보와 방법들에 둘러싸여 헛되이 고생하는 분들을 보면서, 대표적인 '고비용 저효율' 구조로 국력이 소모되고 젊은 이들의 시간이 낭비되는 것을 보면서, 영어라는 진탕에 빠져 고생하는 수많은 분들을 보면서 빠져나올 수 있도록 해야겠다, 도와드려야겠다는 생각이 늘 뇽실거렸다. 어떤 사명감 같은 것이 물끈거렸다. 그래서 용기를 냈다.

수년간의 모색과 해결 방안에 대한 생각들을 함축적인 언어로 담아내고 싶었다. 복잡계 현상인 영어습득에 대해선 반드시 이렇게 가야 한다는 정답이 없다. 그러나 이것이 어떤 문제점을 가지고 있고, 어떤 논의 과정을 거치며, 어떤 이론과 가설들이 나와 있는가에 대해 함께 정보를 나누면서 고민해 볼 수는 있다.

이 책의 의도는 영어교육에 대해, 그리고 영어학습에 대해 노력 대비 최대의 효율을 기하기 위해 '생각하는 우리' 또는 '반성하는 우리'가 되자는 것이다. 그래서 이 책에서 담론화하려는 내용들이 영어교육을 계획하고 시행하는 공교육 및 사교육 지대의 모든 영어교육 생산자 혹은 공급자들에게 새로운 마음가짐을 줄 수 있었으면 좋겠고, 영어를 배우는 모든 학습자들, 즉 영어교육의 소비주체들인 학생들과 그들을 뒷바라지하고 있는 수많은 학부모들에게 새로운 학습방향을 정하고 보다 더 합리적인 학습계획을 세우는 계기를 제공할 수 있었으면 좋겠다.

이 책이 영어교육의 '나비효과'가 되었으면 하는 것이 필자의 바람이다. 아주 작은 변화라 할지라도 우리 한국의 영어교육에 획기적인 변화를 몰고 오는 그런 책이 되었으면 하는 마음이 간절하다. 이것이 영어 관련 박사학위를 가진 사람이 사회에 기여할 수 있는 중요한 부분이라 생각했다.

다만 내가 갖고 있는 생각을 쉬운 언어와 적절한 예시들을 통해 과연 독자 여러분께 잘 전달할 수 있을지 그 점이 사실은 두렵다. 글을 쓰는 일이란 하나를 더하면 넘치기 쉽고 하나를 감하면 모자라기 쉬운, 섬세한 균형을 유지해야 하는 줄타기 같은 일임을 알고 있기 때문이다. 그래서 '우영어배'(우리는 영어를 어떻게 배우는가)라는 이 책의 주제에 대해 조심스럽게 말문을 열어본다. 독자 여러분의 기대에 어긋나지 않기를 기대하면서.

이 책의 교정을 위해 애써준 지문당 편집부 최정미 님에게 감사의 마음을 전하고 싶다. 에피소드에 나오는 이름들은 역사적 인물 등 소수 몇 사람을 제외하고는 모두 사생활 보호 차원에서 가명으로 처리하였음을 밝혀둔다.

2008년 봄

저자

목 차

1. 영어와 보신문화

우리에게 보신문화라는 것이 있다. 건강에 좋다면 뭐든 닥치는 대로 섭취하는 풍토를 말한다. 곰쓸개, 곰발바닥에서부터 키토산, 스쿠알렌, 오메가 쓰리 지방산은 물론, 인삼녹용에 대한 과신에 이르기까지 보신문화는 우리 심리 저변에 폭넓게 깔려 있다. 더러는 신석기 시대부터 시작된 것이라고도 한다.

보신문화가 나쁜 이유는 여러 가지가 있다. 첫째, 야생동물이 수난을 당하기 때문이고 둘째, 효과에 대한 기대가 과학적이거나 합리적이지 못하기 때문이고 셋째, 개인차를 고려하지 않기 때문이다.

그럼에도 불구하고 보신문화는 매우 뿌리 깊게 우리 심리 속에 들어와 있다. 지힝하기가 결코 쉽지 않다. 그래서 집집마다 몸에 좋다는 약 하나씩은 다 갖고 있고, 몸에 좋다는 음식 하나쯤은 다 섭취한다. 몸에 좋다는데 다른 이유를 묻지 않는다. 보신문화는 어려운 문제를 해결하는 우리 민족의 고유한 솔루션이다. 이것은 샤머니즘적 주술 효과에 기대어 있다.

이런 보신문화가 영어 배우기에도 침투해 있다. 우리 모두 다 경험한 바와 같이 영어 배우기는 어렵고 힘든 과정이다. 노력 대비 효과가 그리 높지 않다. 자칫 잘못하면 고비용 저효율이 되기 십상이다. 그래서 우리는 심리적으로 샤머니즘적 주술 효과에 의존하려

든다. 영어의 단방약, 영어의 인삼녹용, 영어의 만병통치약을 찾는 것이다.

사실은 우리만이 아니다. 일본도, 중국도 영어의 장생불로초를 찾느라 야단이다. 그래서 일본에서는 백만 단어 영어학습법이 나왔고, 중국에서는 크레이지 잉글리시가 나왔다. 중세의 기사들이 성배(聖杯)를 찾아 나서듯 오늘날 우리는 모두 영어의 비법을 찾아 나서고 있다. 그러나 기적을 일으킨다는 성배는 애초에 존재하지 않았다. 기적을 일으키는 영어의 비법도 존재하지 않는다. 영어는 다양한 모습으로 존재하는 의사소통과 정보유통의 도구이고 그때그때 필요한 사람이 그때그때 필요한 만큼씩만 배워, 잘 쓰기만 하면 되기 때문이다.

그러나 문제는 우리가 영어에 관해서 자꾸만 너무 터무니없는 욕심을 부린다는 데 있다. 전 국민에 대해서, 그것도 너무 높은 목표를 설정하고, 그 목표에 도달하라고 다그치고 있는 형국이다. 그것도 '빨리빨리' 도달해야 한다. 아시아권에서 최고가 되어야 하니까. 영어에 관해서 우리는 조금의 여유도 허락할 수 없는 듯하다. 경쟁력의 확보라는 이름 아래 영어는 후다닥 만들어내야 하는 가건물 같은 것이 되어버렸다. 과연 이래도 되는 것일까?

보신문화는 획일주의 문화의 한 단면이라고 본다. 각자의 특성에 상관없이 누구에게나 최고의 효과를 나타낼 수 있는 한 가지 음식 또는 약이 있다는 생각은 획일주의적인 생각이다. 그러나 이보다 더 사실에 가깝고 균형 잡힌 생각은 어떤 것일까? 그것은 건강을 포함하여 모든 것은 개인차(individual difference)가 있고, 개인차를 인정하고 개인차에 맞추어 돌보아야 한다는 생각일 것이다.

영어 배우기에 있어서도 개인차는 결코 간과할 수 없는 중요한 특성이다. 우리 모두는 노력하면 누구나 영어를 배울 수 있다. 하지만 누구도 그 결과나 방법이 같을 수는 없다. 즉, 획일적일 수는 없다는 것이다. 우리 인간은 다중지능(multiple intelligence)을 가진 존재이기 때문이다. 심한 경우 어떤 사람은 방법이 그리 좋지 않은 듯해도 잘 배울 수 있고, 어떤 사람은 방법이 좋은 것 같은데도 결과가 안 좋을 수 있다. 보신한다고 복용한 약이 누군가에게는 도리어 건강에 해를 끼치는 결과를 가져오는 것과 같은 이치이다.

'국민 모두가 영어를 잘하는 그날까지'라는 목표는 그냥 구호에 그쳐야 한다. 이것은 실현되기 어려운 목표이고 그럴 필요도 없는 목표이다. 만약 이것이 알파벳 정도가 아니라 자유자재로 외국인과 실시간 의사소통을 하고 전문분야 원서의 의미를 충분히 이해하면서 읽을 정도의 수준을 의미하는 것이라면 말이다.

그런데 사실 영어를 배워 가지고 이 정도의 과업을 수행하지 못한다면 영어를 그토록 오랫동안 배워야 할 까닭이 없다. 오가다 만난 사람들이 영어로 "굿모닝 하우 아 유" 하고 인사하는 정도의 의사소통이 목표라면 영어교육을 그렇게 오랫동안 전 국민을 대상으로 실시해야 할 하등의 이유가 없다고 본다.

영어교육의 방향은 그래서 일반 교양과목이 아니라 특수목적교과(English for Special Purposes)로서 가능한 한 소수의 정예에게 집중적으로 교육해 주는 쪽으로 가닥을 잡아야 국력낭비를 막을 수 있는 최선의 길이 되리라고 믿는다. 국민 대다수에겐 영어부담을 확, 획기적으로 줄여 주었으면 하는 것이 우리 모두의 바람일 것이다.

서연이는 서울 강남에 살고 있는 초등학교 5학년생 여자아이이다. 아버지는 사업을 하는데 사업이 늘 잘 되지만은 않는다. 요즘은 경기가 안 좋아 그냥 근근이 꾸려나간다. 어머니는 전업주부다. 자식교육에 남다른 열정을 가지고 있고, 다른 강남엄마들을 따라잡느라 바쁘다. 똑똑한 서연이를 생각하면 내가 꿀릴 게 뭐가 있느냐고 생각한다.

특히 영어교육에 올인하고 있다. 자신의 딸이 영어 하나만큼은 똑 부러지게 해놓아야 한다고 믿고 있기 때문이다. 그래서 정규 학교수업만 가지고는 안 된다고 판단하고, 과외 영어수업을 받기 위해 영어를 특화시킨 학원에 보내고 있다. 하루에 두 시간씩 거의 매일 다닌다. 그리고 방학이 되면 해외영어캠프를 보낸다. 5학년이 될 때까지 거의 한번도 거르지 않았다. 이번이 벌써 일곱 번째다. 영국, 뉴질랜드, 호주, 캐나다, 말레이시아, 필리핀 등 한 번 갈 때마다 웬만한 샐러리맨의 한 달치 봉급 이상의 돈이 든다.

문제는 서연이가 매우 내성적인 아이라는 데 있다. 다른 애들과 함께 지내는 일을 부담스러워한다. 조용히 책 읽는 것을 더 좋아하는 아이다. 그리고 장래희망은 의사다. 조용한 시골에서 사람들의 건강을 돌봐주는 일을 하고 싶어 한다. 이 아이에게 정말 필요한 영어능력은 어느 정도의 선이 합리적일까?

2. 영어의 햇볕과 바람

생태언어학(Eco-linguistics)이라는 게 있다. 기존의 언어학이 자본주의 중심의 물질문명에 경도되어 있다고 보고 오늘날 지구촌이 맞고 있는 생태적 위기를 언어적으로 어떻게 극복할 것인가를 고민하는 응용언어학의 한 분야다.

생태언어학자들은 우리가 무심코 쓰는 '돼지우리 같다'는 표현도 못마땅하게 여긴다. '돼지우리'는 원래 돼지를 넣어서 기르는 곳을 의미하지만 '돼지우리 같다'고 하면 그것은 몹시 지저분해서 혐오감을 일으키는 장소를 지칭하는 말이 된다. 그렇다면 그런 '돼지우리'에서 자란 돼지고기를 먹는 우리는 어떤 사람들인가?

'돼지우리 같다'는 언어표현은 무의식중에 우리에게 돼지우리는 지저분해도 좋다는 가치관을 심어준다. 그래서 생태언어학의 강경론자들은 돼지우리의 청결도와 충분한 서식공간의 확보를 위한 캠페인을 벌인다. 그래서 미국 같은 곳에서는 돈육의 대량생산 체제인 '돼지농장'(pig farm) 없애기 운동에 나선다. '돼지농장' 형태로는 돼지의 '기본권'이 충족될 수 없고 돼지의 '기본권'이 충족되지 않는 한 양질의 돈육이 생산될 수 없다고 보는 것이다. 생각할수록 일리가 있다.

그렇다면 우리가 흔히 쓰는 말 '영어수업'과 '영어공부'는 생태

언어학적으로 어떤 의미에 도달해 있을까? 이 말들은 생태언어학적으로 바람직한 의미들을 내포하고 있는 것일까?

결코 그렇지 못하다고 본다. '영어수업'과 '영어공부'—이 말들이 내포하고 있는 의미들은 생태언어학적으로, 경제적으로, 윤리적으로, 교육학적으로 결코 바람직하지 못한 숱한 의미들을 내포하고 있다. 한마디로 말하면, 우리의 '영어수업'과 '영어공부'는 파울로 프레이리(Paulo Freire)가 그토록 비판한 '은행저축식'(banking) 교육이다. 학생이라는 텅 빈 저금통장에 교사가 지식이라는 돈을 넣어주는 식의 교육이 주류를 이루고 있다.

오컴의 면도날(Ockham's Razor)에 의하면 자연은 불필요한 복수를 허용하지 않는다. 강가에 나가서 새들을 관찰해 보면 텃새와 철새는 꼬리의 생김새부터가 다르다. 각자는 생존과 번식성공을 목적으로 각자의 환경에 맞게 진화한 것이다.

우리들의 영어능력도 각자의 생태적 환경에 맞게 진화하는 것이 자연의 순리이고, 가장 효율적일 수 있고, 가장 아름다운 것일 수 있다. 여름날 아침에 이슬을 머금고 핀 나팔꽃의 화려함처럼. 그래서 나팔꽃을 영어로는 '아침의 영광'(Morning Glory)이라고 하지 않는가!

이제는 영어 배우기도 이런 생태적 관점에서 접근해야 한다고 본다. 지나친 인위를 가한 영어교육, 영어학습, 영어수업은 겉으로는 좋아 보이지만 실속도 없고, 한계도 많다.

보신문화가 나쁜 것은 그것의 발상이 비과학적이며, 이기적이고, 반자연친화적이라는 데 있다. 보신행동은 자연에 대한 최악의 이용이다. 이런 단방약 중심의 '한건주의'식 보신 행동이 오늘날 영어에 대해서 우리나라 도처에서 일어나고 있다. 의식도 못하는 가운데 말이다. 너무도 안타까운 일이다.

건강에 대한 슈퍼 처방, 모든 병을 낫게 할 수 있는 만병통치약은 있을 수 없다. 명약이란 어느 한 증상에 대해서만 명약일 것이다. 인간의 몸이 그렇게 단순하게 창조되거나 또는 진화되어 왔다면 그렇게 오랜 세월을 버텨내지는 못했을 것이다.

우리의 영어학습도 자연과 조화를 이루어야 한다. 영어를 길러주는 영어의 '햇볕'과 '바람'이 무엇인지를 생각해봐야 한다. 영어를 키워내는 '원소들'(Elements)이 무엇인지를.

영어의 '햇볕'과 '바람'—'햇볕'은 귤나무가 꽃을 피우도록 도와주고 '바람'은 그 꽃이 수분을 하고 열매가 커가는 데 필요한 습도를 제공해 준다. 때가 되면 우리는 그 열매를 채취하여 자연이 주고가는 에너지를 섭취한다. 그 대가로 우리는 정성스럽게 귤나무를 돌봐준다. 약도 치고 벌레도 잡아주면서.

영어의 '햇볕'은 수많은 영어의 입력(input) 자료들이고, 영어의 '바람'은 교사와 학생, 원어민과 한국인, 부모와 자녀, 사회와 학교 사이에 일어나는 영어관련 교류(interaction)를 의미하는 것이 아닐까? 이것이 영어습득이 일어나는 기본환경이고, 많은 학자들이 얘기하는 영어습득의 필요충분조건이며 비유컨대, 영어의 지수화풍(地水火風)이다.

지난 학기 서울의 한 대학교에서 〈영어학특강〉과 〈영어교육론〉 두 과목을 가르쳤다. 모두 영어로 수업을 했다. 영어를 잘해서가 아니라 이제는 영어로 수업을 하는 것이 대세인 것 같고, 영어도 자꾸만 해봐야 는다는 생각과 썩 잘하지 못하는 영어도 영어는 영어라는 생각으로 그렇게 했다. 보람도 있었지만 한계도 많이 느꼈다.

그런데 가르친 학생 중에 수희라는 학생이 있었다. 그룹별 발표를 시켰는데 수희의 영어실력이 단연 돋보였다. 대부분의 학생들은 말하기 직전에 문장단위의 계획을 세우는 데 반해서 수희는 문단단

위의 계획을 세우며 말하고 있었다. 발음과 억양 역시 원어민의 그것과 전혀 차이를 느낄 수 없었다. 틀림없이 오랫동안 미국 등지에서 교육을 받은 학생일 거라고 추측했다.

그러나 내 추측은 여지없이 빗나갔다.

수희는 여행을 한 차례 다녀온 것 외에는 한 번도 외국에 나가 교육을 받아본 적이 없었다. 토종 한국식 영어실력이었다. "Soohee, you are a genius!"(수희야 넌 천재구나!)라는 말이 자연스럽게 내 입에서 나왔다. 수희가 어떻게 영어를 배웠을까 궁금해서 이런저런 유도질문을 해보았다. 그러나 중학교 때부터 영어에 관심이 많았고, 좋은 선생님을 만나서 열심히 하다 보니 이렇게 되었다는 다소 실망스러운 얘기만 들을 수 있었을 뿐이었다.

그러나 간접적으로 미국인, 영국인 외에 이스라엘 사람, 말레이시아 사람, 인도 사람 등 영어를 잘하는 외국인들과 친분을 많이 갖고 있다는 사실을 털어놓았다. 역시 말하기 능력의 습득은 다른 영어 화자(話者)와의 교류와 친분이 중요한 것 같았다.

그러나 이것만으로 충분한 설명이 될 수 있을까? 난 여전히 궁금했다.

수희의 말하기 실력은 너무나도 뛰어났다. 우리 모두가 그토록 어려워하는 이 부분을 수희는 어떻게 그렇게 잘 배울 수 있었을까? 그것도 그토록 흔한 영어연수 한번 안 다녀오고.

나는 수희의 영어습득 과정에 네 가지 정도의 특징이 있음을 알게 되었다.

첫째, 수희는 뛰어난 언어적성(language aptitude)을 가지고 태어난 대표적 사례였다. 언어적성은 뛰어난 음소적(音素的) 기호화 능력과 연상기억 능력, 문법적 민감성과 함께 뛰어난 귀납적 학습능력을 가지고 태어나는 사람의 특성이다. 이 중 적어도 세 가지 정도를 수희는 가지고 있었다.

둘째, 언어적성과 상승작용을 일으키는 강한 내적(內的) 동기를 부여받고 있었고, 이것이 다시 영어에 대한 자신감과 약간의 도도함으로까지 이어지고 있었다.

셋째, 원어민과의 교류를 중시하고 있었고, 제2언어로 영어 말하기를 하는 제3국인과 교류하는 것의 편이점도 잘 인식하고 있었다. 다른 영어 화자들과의 상호작용을 통해서 내가 무엇을 얻을 수 있는지를 직관적으로 잘 판단하고 있었고, 그들에게서 습득한 무수한 구어(口語) 표현들이 수희의 입에서 실시간으로 쏟아지는 광경을 매번 접하면서 경이롭다는 생각을 했다.

넷째, 영어를 잘하기 위해서는 매일 많은 양의 연습(practice)을 필요로 할 텐데 어떤 식으로 연습하느냐고 물었을 때 수희는 별로 연습을 하지 않는다고 대답했다. 참으로 실망스러운 답변이었지만 곰곰이 생각해보니 그 말이 진실이었다. 수희의 말하기 실력은 연습을 필요로 하는 단계를 넘어서 있었다. 이미 어휘와 문법 등 말하기에 필요한 선언적 지식(declarative knowledge)을 웬만큼 갖추고 있었고, 이것을 어떻게 선택·배열해서 상황에 맞게 의미를 전달해야 하는지에 대한 절차적 지식(procedural knowledge)도 충분한 자동화(automatization)가 이루어져 있었다. 연습이 필요 없는 수희였다. 제사지만 그런 수희가 부러웠다.

그러나 수희의 이야기는 여기서 끝나지 않는다.

나는 수희에게 한 과목은 B^+를 주었고, 한 과목은 D학점을 주었다. 가슴이 쓰렸지만 그게 내가 줄 수 있는 최선의 학점이었다. 수희에게 정말 미안했다. 그럼에도 불구하고 수희가 부드럽게, 아주 우회적으로 학점에 대해 문의를 해왔을 때 나는 따뜻한 말 한마디 해주지 못했다. 교수로서의 내 공정성이 의심받게 하고 싶지 않아서였다.

수희는 뛰어난 말하기 실력을 갖추고 있었지만 글쓰기 실력이나 난해한 이론을 이해하려는 열성이나 노력은 그렇지 못했다. 그래서 영어의 '햇볕'과 '바람'으로 자생한 영어능력자 수희를 난 상대평가의 덫에 걸려 너무도 인색한 평가를 해주고 말았다.

'대체 우리가 하고 있는 평가라고 하는 것이 뭘까? 과연 이런 식의 평가가 의미 있는 것일까? 그리고 이런 평가를 우리는 어떤 식으로 해석해야 할까?' 하는 여러 의문들과 함께 내 심사는 복잡했다. 하지만 현실은 현실이었다. 수희는 틀림없이 '현실충격'(reality shock)을 받았을 것이다. 그 충격이 수희를 한 단계 더 발전하도록 도와주는 계기가 되었길 빌어본다.

3. 영어학습 성공의 변수

무엇이 영어학습을 성공으로 이끄는 것일까? 여기에는 어떤 변수들이 있을까? 이 변수들을 조정하면 영어학습을 성공으로 이끌 수 있을 것 같기에 우리는 이러한 변수들에 대해 관심을 갖는다. 사실은 우리 일반인들뿐만 아니라 언어습득 현상을 학문적으로 연구하는 학자들도 이 문제에 열정적인 관심을 쏟아 왔다.

간단히 말하자면, 좋은 입력(input)만 있으면 언어습득은 저절로 일어난다는 주장에서부터 입력만 가지고는 안 되고 서로 간의 상호작용(interaction)이 또 다른 조건이라고 주장하는 사람들이 있고, 여기에 다음과 같은 네 가지 변수가 더 붙어야 학습이 촉진된다고 주장하는 사람들도 있다.

1. 교정적 피드백(corrective feedback)
2. 언어적성(language aptitude)
3. 학습자 동기(learner motivation)
4. 교육의 임팩트(instructional impact)

그러나 좀 더 사실에 가까운 그림을 그리자면 위와 같은 여섯 가지 변수만을 고려하는 것으로도 충분치 못하다. 그래서 일부

학자들은 우리가 '성공적인 언어학습자'(good language learner)가 되는 데는 훨씬 더 다양한 변수들이 있는데 이들 변수들을 크게 다음과 같은 다섯 개의 상자에 나누어 담을 수가 있다고 주장한다.

가르치는 일과 관련된 상자

1. 교재나 자료
2. 교과과정이나 교수요목
3. 방법론이나 교수법
4. 교수자원(Resources)

배우는 사람과 관련된 상자

5. 나이
6. 지능
7. 적성
8. 동기
9. 태도
10. 인성
11. 인지적 성향

배우는 환경과 관련된 상자

12. 외국어환경(EFL) 혹은 제2언어환경(ESL)
13. 언어사용의 기회
14. 사회적 환경(social milieu)

학습과정 관련 상자

15. 무의식적 과정
    - 일반화
    - 언어전이
    - 간소화
16. 의식적 과정
    - 책략의 사용
    - 계획 책략
    - 교정 책략

학습결과 관련 상자

17. 능숙도(proficiency)
    - 말하기
    - 듣기
    - 읽기
    - 쓰기
18. 오류
19. 중간언어
20. 정의적(情意的) 반응
    - 언어자아의 억압
    - 보험삼수 능력
    - 자신감의 정도
    - 감정이입의 정도

이 중 처음 세 개, 즉 가르치기와 배우는 사람, 배우는 환경 상자의 내용들은 성공적 언어학습에 원인을 제공하는 독립변인(independent variable)들이고, 나머지 두 개, 즉 학습과정 관련 상자와 학습결과 관련 상자에 들어 있는 내용들은 원인에 의한 결과로 나타나는 의존변인(dependent variable)들이다.

영어의 경우, 구체적으로 따지자면 스무 가지가 훨씬 넘는 이들 변인들이 서로 얽히고설켜서 상호작용한 결과로 나타나는 것이 영어학습의 성공 여부다. 영어습득의 성패를 가늠하는 것이 이론적으로 얼마나 복잡한 복잡계(複雜界) 현상인지 한눈에도 알 수 있다. 사정이 이러하니 영어를 가르치는 어느 한 방법도 선불리 성공을 장담할 수 없고 또 해서도 안 될 것 같다.

만약 어느 한두 가지 변수만을 고려하여 성공을 장담한다면 그것은 둥근 네모를 그리겠다는 것과 다를 바 없다.

하영이는 초등학교 3학년 때 미국으로 이민 간 내 처조카이다. 어느 여름 이민 간 지 만 2년 만에 하영이가 한국을 방문하여 우리 집에 놀러온 적이 있었다.

우리 가족은 하영이의 영어실력이 얼마나 늘었을지 궁금했다. 떠나가던 때와 다름없이 한국말을 잘하는 하영이를 보고 조금은 의구심도 생겼기 때문이다. 과연 영어를 제대로 배웠을까?

이런저런 이야기를 하면서 놀다가 마침내 컴퓨터 앞에 앉게 되었다. 우리는 하영이에게 어떤 웹사이트를 찾아가는 일을 시키고 있었는데 하영이가 “여기 누르면 돼요?” 하고 물었다. 그러자 짓궂게도 아내가 이런 주문을 했다. “하영아, 방금 그 말 영어로 해볼래?”

그러자 하영이는 그 자리에서 바로 “Do I have to click here?” 라고 영어로 문장을 만들어내어 고모의 주문에 응하는 것이었다. 마치 자동기계가 작동이라도 한 것처럼 신기하게도 아무런 스스럼없이 우리말에서 영어로 코드전환(code-switching)이 이루어지는 현장을 우리는 목격했다. “와, 하영아, 너 영어 잘한다!” 우리 가족은 모두 탄성을 지르며 화답했다.

나는 그런 즉석에서의 문장 생성 능력과 원어민과 하나도 다를 바 없는 완벽한 발음과 억양을 보고서 하영이의 영어습득이 얼마나 잘 이루어졌는지를 나름대로 판단할 수 있었다. 우리가 우려한 것과는 달리 하영이의 영어실력에는 아무런 문제가 없었다. 앞으로 계속해서 발전할 일만 남았을 것이라고 나는 생각했다. 또 한편으로는 우리말 실력이 얼마나 잘 버텨내줄 수 있을지 걱정이 되기도 했다.

그러면서도 궁금했다. 어떻게 저렇게 단시일 내에 그 어려운 영어를 저토록 잘 배울 수가 있었을까? 입력 내용이 좋아서였을까? 나이가 어린 탓이었을까? 아니면 습득환경이 편안하고 좋아서? 아니면 언어사용의 기회가 많아서였을까? 집에서는 한국말만 하는 것으로 알고 있는데…….

아마 다섯 개 상자의 거의 모든 변수들이 동시 작용한 결과일 것이다.

4. 들꽃 은유와 도관 은유

들꽃 은유(wild flower metaphor)는 약 100년 전 러시아의 학자 레프 비고츠키(Lev Vygotsky)가 생각해낸 언어와 사고, 또는 우리의 정신적 기능에 대한 은유다. 비고츠키는 언어학과 기호학과 심리학을 통합하려 한 대가였다.

비고츠키는 말과 생각이 처음에는 생각이 먼저 가다가 나중에는 말과 생각이 함께 간다고 보았다. 예를 들어, 어떤 어려운 과제를 수행하면서 우리는 궁시렁궁시렁 혼잣말을 한다. 이때 우리가 하는 말은 우리의 생각을 제어하는 기능을 가지고 있다. 즉, 말을 배우고 난 다음에는 말과 생각이 함께 가는 것이다.

비고츠키는 이런 사람들의 말과 생각이 들판에 흐드러지게 핀 이름 모를 꽃들과 같다고 보았다. 이런 들꽃들의 가장 큰 특징은 다양성에 있다. 들판에서는 종(種)이 다른 한, 어느 한 꽃도 같지 않고, 종이 같다 해도 서로 다른 점이 서로의 존재 이유가 된다.

들꽃의 아름다움을 생각해 보라. 왜 그 들꽃이 아름답고 가치가 있을까? 다른 꽃들과 같아서가 아니라 다른 꽃들과 달라서다. 사람의 말이나 생각도 마찬가지라는 것이다.

들꽃의 생태학적 건강은 그것의 다양성과 '다름'에 기인한다. 각각의 들꽃은 서로의 '다름'을 통해 생태계의 비옥에 이바지한다. 그리고 각각의 들꽃은 존재하기 위해 서로를 필요로 한다. 이와 같이, 말과 생각이 발전하려면 또 그로 인해 인간의 지적 능력이 발전하려면 서로의 '다름'이 필요하다는 것이 들꽃 은유의 핵심이다.

지식은 저 밖에 있는 어떤 것을 담는 것이 아니라 너와 나 사이에 존재하는 '다름'에 근거하여 상호 구축해 가는 어떤 것이라는 주장이다. 그래서 영어가 되었든 우리말이 되었든 언어를 배울 때 당사자의 참여 여부가 중요하다는 것이다. 언어발달은 단순한 지식의 습득이 아니라 학습주체의 능동적인 참여가 가장 중요한 변수라고 보는 것이다.

도관 은유(conduit metaphor)는 인간이 지식을 담는 그릇이라고 보는 전통적 커뮤니케이션 이론이며 이미 우리의 언어생활 속에 깊이 들어와 있는 현상이고, 개체와 사회를 이원론적으로 나누어 인식하는 사유방식으로 촘스키(Chomsky)와 소쉬르(Saussure), 데카르트(Descartes)를 거쳐 고대 그리스의 스토아 학파에까지 거슬러 올라가는 유구한 학문적 역사와 전통을 가지고 있다.

도관 은유는 인간의 인지처리 능력을 컴퓨터가 입력-출력을 통해 연산기능을 하는 것과 별반 다르지 않은 것으로 이해한다. 이 은유는 컴퓨터가 용기(容器) 안에 들어 있듯이 우리의 정신도 열리고 닫히는 그릇으로 되어 있다고 본다. 특히 언어의 커뮤니케이션은 화자(話者)가 의미를 담아 청자(聽者)에게 보내는 도관(導管)의 형식으로 이루어진다고 생각한다.

부언하자면, 누군가가 말을 할 때 그 누군가는 전하려고 하는 메시지를 말소리라는 도구에 담아서 상대방에게 전달하게 되는데 상대방은 전달받은 말소리에 들어 있는 메시지를 해독해 냄으로써 커뮤니케이션이 이루어진다고 보는 것이다. 이때 양쪽을 이어주는 어떤 채널, 즉 도관이 존재하고 이것을 통해 정보가 이동한다고 보는 것이 이 은유의 핵심이다.

그래서 이런 정보 이동의 과정에 문제가 생겼거나 혹은 그 과정에 대해 특별한 논평이 필요할 때 우리는 이런 식으로 반응한다.

"야, 무슨 말인지 도무지 감이 안 온다."
"그 사람 말은 복받치는 감정으로 가득 차 있었어."
"그 글 속에 들어 있는 핵심 아이디어가 뭔지 한번 뽑아내 봐."

도관 은유에 따르면 우리는 언어사용자로서 '오는' 것을 받고, '차 있는' 것을 뒤지고, 안에 '들어 있는' 것을 '뽑아내는' 일로 바쁘다. 영어 배우기 역시 기본적으로 이런 활동들을 통해 입력(input)이 처리되고, 흡입(intake)되어 마침내 영어 문법지식도 생기고 영어 어휘지식도 갖춰지는 것이라고 생각한다.

들꽃 은유이든 도관 은유이든 어느 하나만으로는 부족하고 둘 다 일리가 있다고 본다. 그러나 문제는 우리 한국인의 영어 배우는 방식이 너무 도관 은유 쪽으로만 기울어 있지 않는가 하는 점이다.

준기는 경기도의 한 대학교에서 〈실용영어〉를 가르칠 때 만난 제자이다. 그는 군대에 갔다가 막 돌아온 2학년 복학생이었다. 그는 군대에 가기 전 1학년을 다녔지만 받은 평점이 2점대를 한참 밑돌 만큼 공부 한번 한 적 없이 놀기만 하다 군대에 갔다 왔다고 했다. 1학년 학점이 대부분 F가 나와서 내 과목도 재수강이었다.

하지만 준기는 내 수업을 들으면서 한 번도 나보다 늦게 온 적이 없었고, 늘 맨 앞자리에 앉아 강의를 경청했다. 당연히 점수도 최고점을 받았다. 그래서 기억을 하고 있었는데 방학이 시작되자마자 연구실로 찾아와서는 이번 방학 때 토익 공부를 하고 싶은데 어떻게 공부하면 좋겠느냐고 물어 왔다. 듣기는 그런대로 테이프 들으면서 하면 될 것 같은데 원체 실력이 바닥이라 읽기는 어디서부터 손을 써야 좋을지 모르겠다는 말을 덧붙이면서.

나는 두툼한 토익 읽기 참고서 한 권을 소개해 주면서 일단 이해가 안 되면 체크 표시를 하면서 대범하게 넘어가는 방식으로 이 책을 죽 한 번 훑어보라고 권했다. 그런 다음에 재독을 하되 이해가 안 되는 부분을 다시 체크하면서 공부해보라고 했다. 그것만 가지고는 부족할 듯하여 "그렇게 30독을 하는 거야. 알았지? '29독만 하면 안 됩니까?' 라고 물으면, '그래 안 된다' 그렇게 대답할거야. 29독도 안 되고, 반드시 30독이야"라고 다소 과장을 해가면서 여러 번 읽어볼 것을 재삼 강조해 주었다. 그러고는 1년의 시간이 흘러갔다.

준기가 다시 찾아왔다. 지난번과는 달리 훨씬 더 자신감에 차 있는 모습이었다. 토익 760점을 받았다는 소식과 함께 2학년 전체 수석을 해서 장학금을 받았다는 소식도 전해 주었다. 기적 같은 일이었다. 어떻게 그렇게 할 수 있었느냐고 묻자 준기는 뜻밖의 대답을 했다. "교수님이 말씀하신 대로 그 책을 30번 읽었습니다. 책이 부풀어서 덮이지 않을 정도가 되더라고요. 하루에 8시간씩 그 책 가지고 영어공부만 했어요. 중간고사와 기말고사 때만 제외하고는요." 난 그렇게까지 기대하고 말하진 않았었는데 준기는 내 말을 문자 그대로의 의미로 받아들였던 것이다.

준기와 나는 그 후로 몇 차례 영어로 이메일을 주고받았고 준기는 나를 가당치 않게도 자신의 '멘토'라고 불러주었다. 어느 날 교정에서 도서관으로 향하고 있는 그를 만났다. "야, 준기! 잘 지내냐?" "네." "요새도 그렇게 공부 열심히 하고?" "네. 친구들하고 학교 근처에 숙소를 정하고 일요일도 없이 공부하고 있어요." "여자 친구는 있니?" "공부하는 바람에 헤어졌어요." "저런! 공부 열심히 하면 그런 일도 벌어지는구나." 그러자 준기가 씩 웃었다. 우리는 그렇게 대화를 나누고 헤어졌다.

내가 준기에게 올바른 지도를 해주었는지 궁금하지만 사실 자신이 없다. 그런 식의 처방이 최선이었을까? 유난히 아이큐가 높았던 준기가 더 쉽게, 더 효율적으로, 더 의미 있고 더 재미있는 방식으로 영어를 공부할 방법은 없었을까? 왜 반복숙달이라고 하는 원시적인 해결책만을 준기에게 강요했었을까? 왜 그를 지식을 담는 그릇으로만 보려 했을까? 그에게 담을 것만을 강조하지 않고 들꽃을 피워내기를 권고할 수는 없었을까?

지루하고 무료한 '죽은' 영어와의 씨름이 아니고 '싱싱하게 파닥거리는' 영어를 접하게 할 수는 없었을까? 사랑하는 제자에게 들판의 다양성을 보게 하지 못하고 오로지 그릇만 채우라고 강요한 것이 못내 아쉽다.

5. 싱싱하게 파닥거리는 영어

어시장의 생선이 싱싱하게 파닥거릴 때 우리는 그 생선이 '물이 좋다'고 한다. 이런 '물 좋은' 생선처럼 생명력과 에너지가 넘치는 영어의 입력 자료들이 있을 수 있고, 그런 자료들을 가리켜 더러는 좀 느슨하게 '참 자료'(authentic material)라고도 하는데 나는 이것을 좀 더 감각적으로 '싱싱하게 파닥거리는 영어'라고 불러주고 싶다.

지난 봄 아파트 현관문을 나서다가 앞집 아저씨 댁의 손녀 유정이가 엄마와 함께 손을 잡고 나들이를 나서는 모습을 보았다. 유정이는 예쁜 분홍색 가방을 메고 있었다. 반가운 마음에 나는 조심스럽게 유정이에게 말을 걸어보았다. 유정이는 만 3년 7개월 된 아이였다.

"유정아, 어디 가?"

"유치원요."

"분홍색 가방 정말 예쁘다. 미국에 간 언니도 분홍색 좋아하는데."

"……"

말귀를 못 알아들은 것일까? 엄마 손을 붙잡고 가는 것을 지켜보면서 나는 이렇게 말했다.

"유정아, 유치원 가서 공부 열심히 해."

유정이의 그 다음 말이 대박이었다.

"유치원에서는 공부 안 해요."

뜻밖에도 유정이는 이미 '공부'라는 단어의 기본 의미를 정확히 알고 있었다.

"유치원에서는 노는 게 공부야."

그러고 샐쭉하더니 엄마 손을 꼭 붙들고 사라져 가면서 엄마에게 이렇게 묻는 소리가 들려왔다.

"엄마, 유치원에서는 노는 게 공부야?"

유정이는 그날 내 덕분에 '공부'라는 단어의 또 다른 외연을 확장시킬 수 있었을 것이다.

유정이가 이렇게 우리말을 잘 습득하게 된 것은 무엇 때문이었을까? 유아의 모국어 습득에 관해서는 보편문법이나 선천적 언어습득장치 가설, 결정적 시기 가설, 감각운동지능 가설, 이해가능한 입력 가설, 상호작용 가설, 경쟁모형, 교수가능성 이론, 사회문화이론, 언어와 뇌의 공진화 및 바이러스 가설 등 헤아릴 수 없이 많은 가설과 이론들이 있다.

이 모든 주장들이 나름대로 다 일리가 있다고 본다. 하지만 상식적 차원에서, 유정이의 성공적인 우리말 습득은 '싱싱하게 파닥거리는' '물 좋은' 참 자료의 입력이 제대로 이루어졌기 때문일 것이고, 할아버지와 할머니를 비롯한 주변 사람들의 애정 어린 지도가 발판이 되어서, 즉 스캐폴딩(scaffolding)을 해서 습득을 도와주었기 때문이라고 할 수 있을 것이다.

유정이의 들꽃은 생태적 건강이 담보되는 비옥한 들판에서 피어오른 것이다. 가장 중요한 역할을 한 것은 역시 '싱싱하게 파닥거리는' 우리말을 수없이 접했기 때문이라고 본다. 그리고 이 참 자료는 유정이와 주변 사람들의 '다름'을 통해서 그리고 그 '다름'의 정도를 학습이 일어날 수 있을 정도의 '다름'으로 차이를 좁혀

준 주변 사람들의 적극적인 개입을 통해서 이루어질 수 있었다고 보는 것이다.

영어의 들꽃이 피는 이치도 마찬가지가 아닐까?

우리 아이들에게 영어습득이 왜 어려운 것일까? 책만 보며 공부하기 때문이 아닐까? 문제집만 풀고 있기 때문이 아닐까? 반복학습을 통해서 시험점수 올리고 정답 맞히는 일에만 골몰하기 때문이 아닐까? 애정이 넘치는 자연스럽고 유머러스한 분위기 속에서 참여와 교류를 통해 익히지 않고 지나치게 경쟁적인 인위적 세팅 속에서 '물 나쁜' 고기들만 상대하고 있기 때문은 아닐까?

한국에서 대학 2학년 과정을 마치고 한 국내 해외인턴십 프로그램을 통해 한시적인 취업비자를 발급받은 현아는 미국 플로리다 주 올랜도의 한 레스토랑에 취직했다. 직책은 서버(server). 우리가 흔히 웨이트리스(waitress)라고 부르는 직책이다.

12월 하순경 올랜도 숙소에 함께 입촌한 다수의 한국 인턴 지망생들과 함께 약 2주간 일자리 배정을 기다리면서 시내를 다니며 구경도 하고, 때로는 잡 인터뷰도 하고, 지리도 익히면서 무위도식하나가 현아는 느디어 아이합(IHOP)이란 패밀리 레스토랑에서 서버로 일자리 배정을 받고 일을 시작하게 되었다.

첫 사흘간은 서버로서의 기본예절과 테이블 웨이팅 방식 등이 적혀 있는 두툼한 서버 매뉴얼과 메뉴판의 다양한 음식 이름들을 달달 외우는 것으로 시작했다고 한다. 그때 교육을 담당한 분이 린다(Linda) 아주머니였는데 이분은 아이합에서 10년간 서버로 일하고 5년간 매니저로 근무한 다음 다시 5년간을 감독관으로 일하고 있는 무시무시한 분이다. 현아는 이분으로부터 철저한 위생교육과 친절교육, 그리고 '해야 할 것과 하지 말아야 할 것들'(Do's & Dont's)

에 관한 교육을 받았다.

교육을 받은 후 첫 주는 이틀만 배정을 받았지만 1주 후 일하는 것이 마음에 든 레스토랑 측은 현아에게 나흘간 일을 할 수 있게 해주었고, 다시 2주 후부터는 1주일에 하루나 이틀 비번이 돌아오는 정상 근무를 했다고 한다. 모든 면에서 미국 서버들과 동등한 대우를 받으면서.

그 후 약 3개월간 그곳에서 일하는 동안 현아는 특유의 친화력으로 동료 서버들은 물론, 매니저와 요리사 등 다양한 스태프들과 우호적인 관계를 유지했고, 일부는 완전한 자기편으로 끌어들였다. 특히 그중에서도 감독관 린다 아주머니, 매니저 테리(Terry) 아저씨, 동료 흑인 서버 제시카(Jessica)와는 마치 엄마와 아빠, 자매처럼 격의 없이 지냈다고 한다.

이를테면 올랜도에 가상 가족(virtual family)을 구축한 것이다. 그리고 이 가상 가족들은 현아의 빠른 영어습득을 도왔다. 격려가 필요할 때 격려를 제공하고 억울해서 눈물을 흘릴 때는 눈물도 닦아주면서. 마지막 한 달 동안은 제시카의 집에 들어가 그녀의 가족과 함께 지냈는데 제시카는 현아와 비슷한 또래였지만 이미 남자친구와 헤어진 채 아들을 키우고 있었고 홀어머니를 모시고 있었다고 한다. 그녀는 그 나이에 벌써 흑인 소녀가장이었다.

이렇게 '체험! 삶의 현장'을 누비면서 온몸으로 체득한 현아의 영어는 날이 다르게 달라져 갔고 3개월의 계약기간을 마치고 그곳을 떠나올 때쯤에는 레스토랑에서 하는 말은 이미 못하는 말이 없었고 다른 말들도 못하거나 못 알아듣는 말이 거의 없게 되었다. 미국에서 30년 넘게 살아온 현아의 이모는 현아가 영어하는 것을 보고나서 "얘가 그 짧은 기간에 어떻게 저렇게 영어를 잘하게 되었는지 어안이 벙벙하다"며 경탄했다고 한다.

그러나 현아도 초기에는 손님이 물을 가져다 달라고 할 때 '얼음 빼고'인지 '얼음 넣고'인지를 못 알아들어 애를 먹었다. 손님이 "Get me a glass of water please, without ice in it!"이라고 말했는데 마지막 부분을 "with ice in it"로 잘못 알아듣고 '얼음 넣지 않은 물' 대신 '얼음 넣은 물'을 갖다 주었다가 '너 바보 아니냐'는 핀잔을 들으며 수모를 겪었다고 하고, 음식 이름을 숱하게 오해하여 잘못된 음식을 갖다 준 적도 있고, 해프닝이 많았다는 것이다.

하지만 이런 실수들이 모두 현아의 영어습득에 약이 되었고, 달리는 말에 채찍질하는 격이 되었다. 물론 강인하고 억센 성격과 사람들과 쉽게 어울리며 자기편으로 끌어들이는 특유의 친화력, 언어의 운율적 특성 등에 대한 빠른 포착과 음성기호에 대한 뛰어난 감각 및 기억력 등이 중요한 역할을 했을 수도 있다.

또 하나 간과할 수 없는 것은 미국인들, 특히 백인과 흑인에 대한 열린 마음인데, 사실 우리나라 젊은이가 미국인들, 특히 흑인들에게 마음을 열어 그들과 깊은 우정을 나눈다는 것은 여간 힘든 일이 아니다. 그런데도 짧은 시간 내에 이러한 인종의 벽을 뛰어넘는 우정을 구축해 냈다는 것은 성격도 좋고, 적응력도 뛰어나다는 반증이 된다.

현아는 이런 적응력이나 열린 마음을 어린 시절 자기 부모의 교육 덧으로 돌리고 있다. 즉, 어린 시절 숱하게 『세계의 어린이들』이란 시리즈물을 읽으면서 아프리카든 일본이든 유럽이든 모두가 한 가족이라는 '사해동포주의'(cosmopolitanism) 교육을 받았던 것이 이런 열린 마음을 심어주었다는 분석을 스스로 내놓고 있다.

한국에 돌아온 현아를 만났을 때 그녀는 자신의 영어습득 비결을 이렇게 털어놓았다.

"하루 열세 시간씩 영어를 사용할 수밖에 없는 상황에 내동댕이쳐져 있었어요. 그래서 비교적 빨리 영어를 익힌 것 같아요. 그리고 듣는 말 한마디 한마디가 현장 상황과 밀접하게 연관되어 있어서 그냥 영어 공부할 때와는 달리 머릿속에 쏙쏙 들어왔어요. 예를 들어, 매니저님이 'We gotta live up to the customers' expectation. We gotta pay attention to their wants and needs all the time··· You should look busy, but you should not look like emergency.' (고객들의 기대에 부응해야 합니다. 그들이 원하고 필요로 하는 것에 항상 주의를 기울여야 하죠··· 바쁜 것처럼 보여야 하지만 긴급 사태가 발생한 것처럼 보여서는 안 되죠.)라고 말할 때 그런 말들이 정말 가슴에 와 닿았죠. 명심하고 또 명심해서 현장에서 반드시 지켜야 할 내용들이었거든요. 평생 그 말을 잊을 수 없을 거예요. 그리고 그곳에서 겪은 모든 경험들이 강렬했기 때문에 대부분 이렇게 잊을 수 없는 말들이 많아요. 그때의 경험에 대해 영어로 이야기하라면 지금도 5분 정도는 신나게 얘기할 수 있어요. When I was working at IHOP in Orlando, Florida······ 이렇게 말을 꺼내면 저도 모르게 흥분되고 가슴이 떨려요."

요컨대 현아가 단시일 내에 영어 말하기 기술을 효과적으로 습득한 내면에는 '물 좋은' 참 영어가 사용되는 불꽃 튀는 현장에 그녀가 있었기 때문이고, 하루 열세 시간 동안 영어만을 사용하는 혹독한 상황 속에서 아마추어적인 실수를 용납하지 않는 프로 요식업소의 생업 전선에 투입되어 하루하루를 '즐거운' 긴장 속에서 보내야 했기 때문이었을 것이다. 즉, 비슷하게 시늉만 하는 교실 내에서의 '맥 빠진' 시뮬레이션이 아니라 '진짜' 돈을 버는 '진짜' 삶의 현장에 있었기 때문에 뇌의 전 분야가 활성화되는 강력한 심층학습이 그것도 간접학습의 방식으로 일어났다고 추정해 볼 수 있다.

'싱싱하게 파닥거리는 영어'는 꼭 미국이 아니라 하더라도 한국에서도, 인터넷상에서도 얼마든지 접할 수 있다고 본다. 중요한 것은 그런 참 영어의 입력 자료가 효과를 발휘하려면 몇 가지 조건이 갖추어져야 하는데 그중 가장 핵심적인 것이 학습 당사자의 적극적이며 능동적인 참여이며 이 모든 것은 도전정신 혹은 대처능력과 같은 태도(attitude)의 문제와 연관된다. 즉, 영어습득은 한 인격의 총체성(totality)을 반영한다 해도 과언이 아니다.

대학 2학년에 와서야 영어 말하기 기술을 터득한 현아의 경우를 보면 조기교육이나 해외어학연수가 꼭 필요한 것 같지는 않다. 현아는 중학교에서부터 대학교까지 지극히 평범한 정규 학교교육만을 받았을 뿐이며, 유일한 과외활동이라면 대학 1학년 여름방학 때 인도의 방갈로르(Bangalore)에 가서 유럽과 아시아의 다른 젊은이들과 함께 한 달 동안 영어로 의사소통을 하면서 국제봉사활동에 참여한 경험밖에 없다.

현아의 경우에 비추어 보면, 영어 말하기 기술은 일부에서 주장하는 것과는 달리 늦되기도 하는 기술이다. 기본만 잘 갖춰져 있다면 대학교에 들어와서 시작해도 결코 늦지 않다. 영어의 들꽃이 필 수 있도록 '싱싱하게 파닥거리는' 영어의 연못 속에 빠뜨려 주기만 하면 된다.

6. 화법 연속체의 양쪽 끝: 영어에 접근하는 두 방향

우리가 사용하는 언어는 하나지만 종류는 다양할 수 있다. 우리말의 경우를 보면 정치인이나 경제인과 같은 공인들의 대중연설은 친구끼리의 대화와는 그 격이 다르고, 아나운서의 뉴스진행 역시 홈쇼핑 호스트의 제품소개와는 말하는 방식이 다르다. 텔레비전 연속극에서도 보면 회장님은 회장님답게 말하고, 가정부 아주머니는 가정부 아주머니답게 말한다.

같은 한국말 내에서도 여러 가지 다양한 말하는 방식이 존재하듯이 영어에도 그런 방법이 존재하고, 이런 다양한 말 방식들을 가리켜 '화법'(style)이라고 한다. 그리고 이 화법은 언어사용자가 주의(attention)를 할당하는 정도에 따라 구별된다.

만일 어떤 말 자료(speech data)에 대해 언어사용자가 높은 주의를 할당한다면 그것은 신중체(careful style)를 사용하여 말하는 것이고, 만일 말 자료에 대해 주의를 할당하지 않는다면, 즉 언어자료를 처리하면서 통사적 형태에 대한 의도적인 분석을 가하지 않는다면 그것은 통속체(vernacular style)로 말한다고 할 수 있다.

이러한 화법은 통속체와 신중체를 양쪽 끝으로 n개까지 다양하게 배열할 수 있고, 다음과 같은 도식으로 나타낼 수 있다.

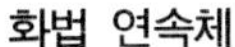

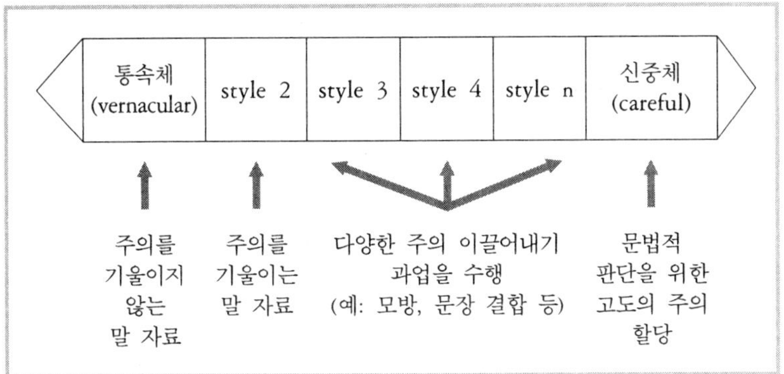

통속체로 말할 경우 언어사용자는 언어의 형태에 주의를 기울이지 않는다. 따라서 문법이나 어휘의 형태는 원래의 규범에서 상당히 이탈된 모습일 수 있다. 주요한 관심사는 내용, 즉 감정이 진하게 실리는 의미의 전달 여부인데, 다음과 같은 말 자료에서 그 특징이 잘 나타난다.

My main man Jimmy, Jimmy.
He got the oooooo and he got the ahhhhhhh.
He got those goofy glassy.
And he ain't got no fashion.
내 남친 지미, 지미는요,
우— 하고 아— 하게 되는 넘이에요.
얼빠지고 흐리멍덩한 넘.
글구 멋하곤 완전 담 쌓은 넘이죠.

물론 나름대로 규칙도 있다. 원래 영어에서 이중부정은 긍정을 강화하는 표현이지만 통속체의 경우 이중부정은 그냥 부정일 뿐이다. 따라서 'he ain't got no fashion'은 '멋하고는 완전히 담 쌓았다'

는 뜻이 되는 것이다.

이보다는 정도가 약한 통속체 화법에서는 다음과 같이 어휘선택에 주의를 할당하는 말 자료가 가능하다.

Korean: I'm **involved** in a difficult situation.
American: What do you mean by 'involved'? I've never used that word since grade seven.
한국인: 난 어려운 상황에 연루되어 있어.
미국인: '연루'가 무슨 말이야? 난 7학년 이후로 그런 말 쓴 적 없는데.

미국에 온 지 꽤 되는 한국인이 '난 지금 상황이 안 좋아'라는 뜻으로 '연루'라는 어려운 말을 넣어 쓰자 어울리지 않는 말을 쓴다며 미국인이 반발하는 장면이다. 한국인은 화법에 어울리지 않은 낱말을 사용했고, 미국인은 그 사실을 꼬집은 것이다. '연루'와 같은 말은 옛날 학교 다닐 때나 사용했던 '교과서적'(bookish) 표현이라는 것이다.

그러니 미국인의 지적은 그런 말을 써서 괜히 화법 단계를 높이지 말라는 경고이며, 화법 단계가 올라가면 자신과의 관계가 멀어져서 그만큼 서먹해질 수 있으니 고상한 말을 해서 함부로 화법 단계를 높이지 말라고 압력을 가하는 것이라 할 수 있다.

화법은 이렇게 화자 간의 관계를 설정할 수도 있는 민감한 사안이다. 이런 잘 드러나지 않는 '대화의 법칙'을 익히는 것은 영어를 제대로 사용하는 데 있어서 매우 중요한 일이다. 그리고 이런 '대화의 법칙'은 화법 단계가 높은 '신중체' 화법을 통해서는 배우기 어려운 기술이다. 언어의 형태에 많은 주의를 기울이는 '신중체' 화법에서는 '대화의 법칙'이 일반적이지 않고 특수하고 획일적이며 굳어져 있기 때문이다.

아마 레이건 대통령의 42차 UN총회 연설이 그 대표적인 예가 될 것이다. 그 연설은 다음과 같은 첫 문장으로 시작된다.

> Mr. President, Mr. Secretary-General, Ambassador Reed, honored guests, and distinguished delegates: Let me first welcome the Secretary-General back from his pilgrimage for peace in the Middle East.
>
> 의장님, 사무총장님, 리드 대사님, 내외 귀빈 여러분, 그리고 존경하는 각국의 대표 여러분: 먼저 중동 평화를 위한 순방을 마치고 돌아오신 사무총장님의 귀환을 환영하는 바입니다.

1987년 9월 21일 당시 텔레비전으로 방영된 이 연설은 미국 역사상 가장 유명한 연설 중의 하나로 꼽히고 있다. 레이건 대통령은 그의 일생의 정치철학이 담긴 장장 20여 분에 걸친 이 연설을 대본 한 번 보지 않고 즉석연설로 행함으로써 더욱 큰 감동을 안겨주었다. 성우에서 시작하여 할리우드의 배우가 되고 마지막엔 대통령이 되었던 레이건은 영어의 다양한 화법을 누구보다 잘 알고 있었을 것이고 급기야 연설의 달인이 되었다. 그의 이러한 화법 연속체 전반에 걸친 화법 체험과정은 영어를 배우는 우리 모두에게 귀감이 된다.

유창한 화자가 되고, 능란한 대화꾼이 되고, 적재적소에서 다양한 화법을 구사하는 언어사용자가 되려면 화법 연속체의 한쪽 끝에서 '문법적 판단' 훈련도 해봐야 되고, 또 한쪽 끝에서 '형태에 전혀 주의를 기울이지 않는' 순수한 의미중심 의사소통 훈련과 '대화의 법칙' 훈련도 받아봐야 한다. 즉, 주의를 많이 할당하는 '신중체' 화법도 접해 봐야 하고 주의를 거의 할당하지 않는 '통속체' 화법도 접해 봐야 한다는 얘기다.

또 하나 중요한 것은 우리나라와 같은 상황에서는 '신중체' 쪽에서 시작하여 '통속체' 쪽으로 옮아가는 방법이 보편적인 영어학습의 방향인 반면 미국 등 영어를 쓰는 나라에 이민 가서 영어를 배우는 경우에는 '통속체' 쪽에서 영어체험이 먼저 이루어지기 쉽고, 차차로 '신중체' 쪽으로 옮아가는 형식을 취하게 된다. 자연스러운 방향은 이렇게 '통속체'에서 '신중체'로 옮겨가는 방향일 것이지만 그 반대 방향인 '신중체'에서 '통속체'로 나아가는 방향 역시 화법 연속체의 양 극단을 경험하는 한 선후의 차이는 큰 문제가 될 수 없다고 본다.

조금 다른 각도에서 말해 본다면, 먼저 유창성(fluency)을 얻고 난 후 정확성(accuracy)을 추구해도 되고, 먼저 정확성을 얻고 난 후 유창성에 도전해도 늦지 않다는 것이다. 그러나 영어습득에 반드시 필요한 것은 양 극단의 화법들을 두루 체험해 보는 일이다. 어느 한 쪽의 화법만 체험해서는 균형 잡힌 영어 배우기를 할 수 없다.

참고로 캐나다의 라잇바원(Lightbowen)과 스파다(Spada)는 다음과 같은 순서로 연습이 이루어져야 한다고 주장한다.

1. 처음에는 문법을 강조하지 말 것.
2. 듣고 읽기만 해도 습득은 일어난다.
3. 가능한 한 많은 얘기를 함께 나눌 것.
4. 영어를 사용하여 다른 과목을 가르칠 것.
5. 가르칠 수 있는 언어항목을 단계별로 가르칠 것.
6. 마지막에 가서야 정확성을 강조할 것.

그러나 중국의 젠후이(Zhenhui)는 다음과 같은 권유를 하고 있다.

1. 발음이나 문법 등 영어에 대해 좋은 습관을 들이도록 해줄 것.
2. 교실 밖에서 영어를 사용할 수 없으므로 교실 내에서 엄격한

훈련을 시킬 것.

3. 어느 정도의 정확성에 도달하게 한 후 집중적인 유창성 연습을 시킬 것.
4. 오류를 용납해 주지만 수시 평가를 통해 학생 자신의 한계와 약점을 인식시킬 것.
5. 정확성과 유창성을 동시에 연습하는 단계로 나아가게 할 것.

영문과 대학원 박사과정을 밟고 있는 기주는 얼마 전 과에서 초빙한 독일 학자를 모시고 한식당을 찾았다. 대부분의 유럽 학자들이 그렇듯이 이분도 영어에 능통해서 대화는 주로 영어로 이루어졌다. 공교롭게도 바로 옆자리에 앉게 되었던 기주는 이 독일 학자와 꽤 많은 대화를 나눌 수 있었는데, 상대방이 친절하고 임의롭게 대해 주어서 대화가 진행될수록 오랜 친구를 만난 듯한 푸근한 느낌을 받았다.

기주는 고등학교 때 독일어를 배웠고, 대학시절에도 독일어 학점을 이수한 적이 있는 터라 옆에 앉은 독일 학자에게 무언가 독일말로 간단한 대화라도 나누고 싶었다. 그래서 대화를 나누는 동안 내내 '나도 독일어를 배운 적이 있고, 그래서 독일과 독일 사람에 대해서 친근감을 가지고 있다'는 마음속 생각을 전달하고 싶어서 몹시 애를 태웠다. 그러기 위해서는 배운 적이 있음을 증명할 만한 몇 마디 독일어 회화 문장이 먼저 떠올라야만 했다.

하지만 독일어 문장은 영영 떠오르지 않았고, 단 한마디의 독일어도 입 밖으로 나오지 못했다. 허무했다. 아무리 머리를 쥐어짜고 노력해 보았지만 단 한마디의 독일어도 할 수 없었다. 자신이 그동안에 독일어를 공부해 왔다는 사실이 믿어지지 않았다. 어떻게 이럴 수가 있는 걸까? 자신도 의심스러웠다. 하지만 인정할 수밖에 없는 현실이었다.

언어를 통한 의사소통 기술은 '신중체' 화법만 접해서는 절대 익힐 수가 없다. 기주가 그때까지 공부해온 것은 화법 연속체상에서 맨 오른쪽에 있는 '신중체' 독일어였을 뿐이었고, 그것도 아주 제한된 양의 말 자료들만을 제한된 맥락을 통해 접했을 뿐이었다. 그러나 간단한 내용이라도 독일어 회화가 가능하기 위해서는 화법 연속체의 반대쪽 연장선상에 있는 '통속체' 화법의 말 자료를 접했어야 했다. 그랬을 때에 비로소 의사소통을 할 수 있는 능력과 배짱이 생길 수 있었을 텐데, 기주의 독일어 학습은 이와는 거리가 멀었던 것이다.

최소한의 화법 자료조차 공부하지 않고 학점을 따는 데만 안주했던 것이 결국 입도 뻥긋 못하고 허무하게 끝난 기주식 '나의 독일어 좌절사건'의 전모였다. 영어공부 역시 '통속체' 화법자료의 체험 없이 '신중체' 화법자료만을 다루다 끝이 난다면 역시 입도 뻥긋 못하고 수모만 당하는 '나의 영어 의사소통 좌절사건'이 일어날 수도 있다.

7. 우리말의 계통발생(系統發生)

우리는 한국인이다. 한국인은 분류학상 몽골 인종이다. 미국유학 시절 서류를 적다 보면 인종란을 채워야 할 때가 있었다. '코카서스' 인종, '중국－티베트' 인종, '폴리네시아' 인종 등 여러 인종 항목 중 우리는 '몽골리안'(Mongolian)으로 분류가 되어 있었다.

인종란에 '몽골리안'이라고 적어 넣으면서 떨떠름해 했던 기억이 난다. 그러면서 '몽고반점'에 대한 생각을 해보았다. 우리나라 신생아 중 90% 이상이 푸른색을 띠는 이 반점을 가지고 있다고 한다. 유럽인들은 5% 정도밖에 안 된다고 하고, 아메리칸 인디언들의 경우 90% 정도가 태어날 때 이 반점을 가지고 있다고 하는데, 미국에 있을 때 아메리칸 인디언 학생들로부터 이상하게도 친근감을 느꼈던 기억이 난다.

하지만 일부 백인 아이들에게까지 '몽고반점'이 나타난다면 이것이 한국인의 특징이 될 수는 없을 것이다. 그렇다면 우리만의 특징은 무엇일까? 가장 두드러진 특징은 우리가 사용하는 우리말이다. 피부색이나 얼굴 생김새만으로는 우리를 구별할 수 없다. 미국에서 공부할 때 말레이시아 학생과 룸메이트를 한 적이 있었다. 그를 처음 만났을 때 그가 한국인인 줄 알았다. 틀림없이 한국인처럼 생겼고 한국인처럼 행동했기 때문이다. 그러나 알고 보니 그는 중국계 아버지와 말레이시아계 어머니 사이에서 태어난 말레이시아인이었다.

우리를 가장 잘 특징짓는 한국어는 어떤 언어일까?

핀란드의 비교언어학자 람스테트(Ramstedt)는 우리말이 우랄-알타이어족(Ural-Altaic)에 속한다고 보았다. 우리말이 터키어, 몽골어, 만주어 등과 친연성(親緣性)이 있다는 것이다.

우랄-알타이어족에 속하는 언어들 사이에는 많은 동족어(cognates)들이 발견된다. 예를 들어, 시베리아 동부 칸티-만시(Khanty-Mansi)어는 여자를 '네'(ne)라고 하고 터키어로는 어머니를 '아나'(ana)라고 하는데 이것은 우리말 '아내'나 '언니'라는 말과 닮았다. 순 우리말 '봄'(spring)은 몽골어 '온'(on)에서 나왔는지도 모르고 '불'(fire)이라는 말도 중세몽골어 '휠리에'(hülie)에서 나왔을 수도 있다. 우리말 '늑대'의 '늑'이라는 말이 원래 '이늑'(ynɯg)이란 원시 알타이어에서 나왔다고 한다면 일본말의 '이누'(dog)라는 말과의 사이에 분명 친연성이 있는 듯하다.

통사적으로도 우리말과 일본어, 몽골어는 어순이 같다. 예를 들어 우리말 '말을 타다'는 몽골어의 'morin-i unumui'와 어순이 같고, 일본어의 うまに のる와도 역시 어순이 같다.

터키어와는 두 언어가 교착어적 성격을 강하게 지니고 있다는 점에서 친연성이 있다. 우리말의 '마음으로부터의 감사'에서 '마음으로부터의'는 '마음'이라는 명사에 '으로부터'라는 시발·기원을 나타내는 조사가 붙은 것에 다시 '의'라고 하는 소유격 조사가 더 붙은 형식이다. 분류학상 이러한 언어적 특징을 가진 언어를 교착어(膠着語)라 하는데, 다음과 같은 터키어 구(句) 표현이 이런 특성을 잘 보여준다.

> el-ler-im-de '내 손들 안에' (in my hands)
> (*el* '손', *-ler* '들', *-im* '내', *-de* '안에')

터키어의 경우는 '내 손들 안에'에서 '내'라는 소유격 대명사와 '안에'라는 장소 부사구까지 '손'이라는 명사 뒤에 차례로 엉겨 붙었다. 우리말보다도 더 심한 교착어적 특징이다.

이기문(1981)은 전통적인 한국어관에 입각하여 우리말이 다음과 같은 계통을 밟았다고 보고 있다.

> 알타이 조어(祖語) ⇨ 부여 · 한 공통어 ⇨ 원시 한어 ⇨ 신라어 ⇨ 중세국어
> ⇨ 원시 부여어 ⇨ 원시 일본어 ⇨ 고대 일본어
> ⇨ 터키 · 몽골 · 퉁구스 공통어 ⇨ 선사(先史) 터키어
> ⇨ 몽골 · 퉁구스 공통어

우리말은 알타이 조어에서 발원하여 부여 · 한 공통어 과정을 거쳐 원시 한어가 만들어지고 삼국시대를 거치면서 고구려어, 백제어, 신라어로 발달하다가 통일신라시대를 거치면서 신라어를 주축으로 중세국어를 형성했고, 이 중세국어를 바탕으로 오늘날 우리가 사용하는 한국어가 나타나게 된 것으로 보고 있다. 이것이 대체로 본 우리말의 계통발생이다.

텔레비전에서 1년 넘게 방영하고 있는 '미녀들의 수다'를 재미있게 보고 있다. 각 대륙을 대표하는 다양한 국적의 숙녀들이 그동안 익혀온 우리말 솜씨를 뽐내는 모습을 접하게 된다. 이 프로를 보면서 자연스럽게 '저들은 우리말을 어떻게 배우는가?'를 떠올리게 된다.

지금까지 출연한 많은 미녀들 가운데 아마도 우리말 습득이 가장 잘 이루어졌다고 볼 수 있는 경우는 중국인과 일본인 및 핀란드 여성의 경우가 아닐까 한다. 이들의 우리말 구사는 원어민인 우리

와 구별이 되지 않을 정도로 훌륭했고, 기타 유럽이나 아메리카 대륙에서 온 미녀들의 우리말과는 분명하게 구별되었다.

일부 유럽 여성들은 끝까지 화석화된 우리말 형태를 벗어나지 못하는 한계를 보여주기도 했다. 역으로 생각해 본다면 우리가 유럽 말을 배울 때도 저렇게 발음의 한계를 겪게 되거나 심한 경우 의사소통이 단절되는 장면을 연출하게 될 것 같았다.

두 나라의 언어나 문화의 차이가 크면 클수록 상대방 언어를 배우기 어렵다는 '외국어 효과'(Foreign Language Effect)는 다양한 국적을 가진 이들 미녀들의 우리말 솜씨 겨루기를 통해 잘 드러났다. 한편 언어의 계통적 친연성 못지않게 단순한 지리적 거리도 습득의 난이도에 영향을 미치는 것 같다. 즉, 우리나라에서 거리가 가까우면 가까울수록 대체로 상대방은 우리말을 더 잘 배우는 것 같다.

8. 영어의 계통발생(系統發生)

AD 43년 로마의 정복자 줄리어스 시저(Julius Caesar)가 브리튼(Britain)섬을 정복했을 때 영어는 거기 없었다. 켈트어(Celtics)를 사용하는 켈트(Celt)족이 살고 있었을 뿐이었다. 그들 중 가장 두드러진 부족은 브리튼(Briton)족이었다. 로마는 그 후 약 350년간 주둔군을 두어 켈트족을 지배한다.

영어(English)는 원래 앵글족(Angles)의 말이라는 뜻이다. 앵글족은 친족인 색슨족(Saxons), 주트족(Jutes), 프리시아족(Fricians) 등의 부족과 함께 게르만족의 일파로서 오늘날의 독일 북부와 유틀란트 반도에 걸쳐 살고 있던 민족이었다. 이들은 추위와 심한 홍수로 흉년을 맞이하게 되었고, 보다 온화한 기후와 기름진 땅을 찾아 남하하면서 막 로마의 지배에서 벗어난 켈트족의 영국 땅을 침략하게 된다. AD 450년의 일이었다.

게르만족이 쳐들어오자 켈트족은 웨일스(Wales)와 스코틀랜드(Scotland), 아일랜드(Ireland) 등지로 밀려나게 된다. 그래서 이 지역은 아직도 잉글랜드(England)와는 언어풍속이나 문화, 역사가 다르다. 켈트족을 몰아낸 게르만족은 켄트(Kent), 에섹스(Essex), 서섹스(Sussex), 웨섹스(Wessex), 노섬브리아(Northumbria), 이스트 앵글리아(East Anglia), 머시아(Mercia)로 이루어진 7공국(Heptarchy) 시대를 연다. 앵글로-색슨(Anglo-Saxon)족이 중심이 된 이들의 언어는 고대영어(Old English)라 불린다. 고대영어 시기의 중요한 사건은 덴마크와 스칸디나비아 지방에 거주하던 바이킹(Viking)족들의 잦은 침략이다. 이런 이유로 고대영어는 스칸디나비아(Scandinavia)어의 어휘를 많이 차용하게 되었는데, they, their, them, ski, skin, skirt, score, kindle, egg, get, give, window와 같은 영어 기초 단어들이 그것이다.

AD 1066년에 일어난 노르만 정복(Norman Conquest)을 분수령으로 투박한 발음과 굴절이 심한 전형적인 북방 유럽어 고대영어는 부드러운 남방 유럽어인 불어의 영향을 받게 되면서 새로운 국면, 즉 중세영어(Middle English) 시대를 맞이한다. 당시 영국은 알프레드(Alfred) 대왕의 후손인 '고백왕 에드워드'(Edward the Confessor)가 24년간 재위에 있다가 1066년 자식 없이 서거하게 되자 웨스트 색슨족 백작인 고드윈(Godwin)의 아들인 해럴드(Harold)가 왕위를 계승하게 된다. 그러나 에드워드 왕의 사촌인 윌리엄(William) 공이 프랑스의 노르만디(Normandy)에서 그해 9월 영국을 침공하여 성탄절 전날 영국왕으로 즉위한다. 그 후 약 5년 동안 노르만(Norman)족 왕 윌리엄은 영국의 열두 공작 중 단 한 명만 남기고 관료 약 3만 명과 함께 처형시키고, 그 자리를 불어를 사용하는 노르만 귀족들로 채워 넣어 영국을 지배하게 된다.

이들 초기의 노르만족 지배계급은 영국 본토문화를 지독히 멸시했으며 철저히 불어를 사용하고 불문학과 프랑스 문화를 즐겼다. 그러나 세월이 흐르면서 차츰 상류계층과 중류계층 사이에 변화가 일어나게 되어 상류계급은 영어를 이해하고, 중류계급은 불어를 배우게 되면서 두 언어권은 큰 교류의 물살을 타게 된다. 그 후 왕위 계승과 스코틀랜드 지배를 둘러싸고 영국과 프랑스 사이에는 1337년부터 1453년까지 소위 '백년전쟁'(Hundred Years' War)이 벌어지게 되는데 처음에는 영국군이 우세했으나 나중에는 프랑스의 유관순이라 할 수 있는 잔 다르크(Jeanne d'Arc)의 공헌으로 프랑스가 전쟁의 주도권을 잡게 되면서 전쟁을 매듭짓게 된다.

백년전쟁의 결과로 영국 민족에게는 애국심이 되살아나고, 영어에 대한 자각운동과 더불어 불어에 대한 배척 등 계몽적인 자주사상이 싹트게 되어, 학교와 법정에서는 영어를 가르치고 사용하게 되었다. 그리하여 헨리(Henry) 5세의 통치 기간(1413－1422)은 영어사용의 일대 전환기를 이루게 된다. 중세영어의 특징은 상류지배계급은 불어를 사용한 반면 서민들은 영어를 사용했으며, 지식층과 성직자 계층은 라틴어를 사용했다는 점이다. 결국 현대영어의 근간을 이루는 서민들의 영어엔 발음상으로 더 부드러워지고 간결해지는 효과와 함께 오랜 기간 동안 계속되어온 통치계급의 영향으로 crown, state, realm, reign, royal, authority, sovereign, majesty 등 궁중용어들과 religion, sermon, homily, sacrament, baptism, communion, lesson, clergy 등 종교용어를 비롯한 법률, 군사, 학문용어 등에 다량의 불어 단어들이 어휘목록 속으로 들어오게 되었다.

현대영어(Modern English)는 AD 1500년경 영국을 휩쓴 문예부흥(Renaissance) 운동 이후에 발달한 영어를 말한다. 이 시기의 영국은 첫째, 인쇄술의 발날로 학문이 크게 발날하고 문사의 대중적 보급이 이루어지게 되었다. 우리가 잘 알고 있는 독일인 구텐베르크(Gutenberg)의 활판인쇄술 발명은 서양역사에서 분명한 획을 긋는 의미심장한 사건이었다. '42행 성경'(Forty-two-Line Bible) 출판을 비롯한 그의 활판인쇄술에 의한 지식보급은 서양세계를 일시에 중세에서 근대로 바꿔놓는 역할을 했다. 우리나라가 시기적으로는 먼저 금속활자를 발명했지만 이것이 '활판인쇄'라고 하는 보다 복잡한 공학기술로 발전하지 못하고 결과적으로 우리 사회 전반에 영향을 미치지 못했던 것과는 크게 비교되는 일이었다.

영국에서는 캑스턴(Caxton)이라는 사람이 1476년 이 활판인쇄술을 도입하여 무려 2만 권에 달하는 대규모의 서적을 발간하게 되면서 영국의 문화판도를 바꿔놓게 된다. 그런 다음, 교육의 기회가 확대되면서 대중교육의 꿈도 실현된다. 16세기 중엽 셰익스피어(Shakespeare) 시대에 영국은 이미 국민의 3분의 1이 문자를 해독했다고 한다. 결국 이렇게 민도가 높아지고 국민의식이 선진화되면서 영국은 일찍부터 정치적으로는 민주화, 경제적으로는 산업화, 문화적으로는 예술이 꽃피우는 문화적 황금시대를 맞이하게 되고, 셰익스피어와 같은 대문호(大文豪)를 배출하게 되는데, 여력을 모아 영국은 식민개척에 국민적 역량을 모으는 여유를 가지게 된다.

이러한 문예부흥기를 겪으면서 영국 국민은 사회 전반의 개혁에 관심을 가지게 되었고, 언어 문제에도 큰 관심을 가지고 고민을 시작했다. 그들이 당면한 문제는 라틴어의 우수성을 인정해야 할지 말아야 할지 하는 것과, 영어의 통일된 철자를 어떻게 제정해야 할 것인지 하는 것, 그리고 새 어휘의 생성을 어떻게 처리해야 할 것인지 하는 것들이었다. 이러한 언어 문제를 해결하고자 노력하는 과정에서 영국인들은 현대영어를 정립하게 되는데 이것은 그 후 500년 동안 계속되어 오늘날에 이르는 영어의 표준화(standardization), 순화(refining), 토착화(fixing)를 향한 줄기찬 발걸음의 첫 내디딤에 불과했다.

오늘날 세계의 도처에서 가장 다양한 인종에 의해 사용되고 있는 영어는 링구아 프랑카(lingua franca), 즉 보편어의 지위를 누리고 있다. 카크루(Kachru)에 의하면 영어는 다음과 같은 세 개의 동심원으로 구성되는 화자들(speakers)에 의해 사용되고 있다.

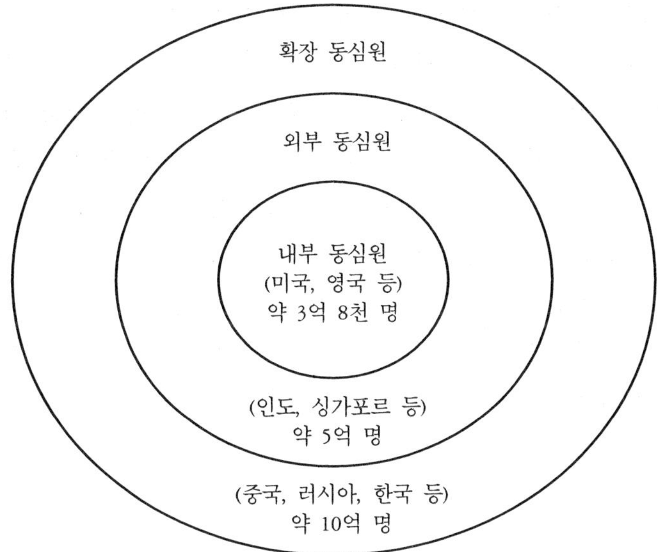

세계 인구의 3분의 1에 해당하는 19억 명 정도가 영어 사용자로 분류된다. 그러나 이것은 카크루의 1985년 추정치이다. 중국과 인도의 인구가 계속 불어나고 있다는 사실을 고려한다면 외부 동심원과 확장 동심원의 영어 사용자 인구수는 계속 늘어날 전망이다. 세계 어떤 언어도 이와 같은 지위를 가져본 적이 없다. 전무후무한 일이 지금 우리 세대의 영어에 일어나고 있는 것이다.

영어는 이제 세계어다. 그리고 이런 특성을 반영하는 영어를 가리켜 '세계영어'(World English)라고 한다. 인도영어나 싱가포르영어, 나이지리아영어, 나미비아영어, 자메이카영어, 말레이시아 영어, 필리핀영어, 이 모두는 '세계영어'의 범주 속에 들어와 있고 그런 의미에서 '합법적인' 영어다. 영어는 이제 영국인이나 미국인만의 영어가 아닌 것이다. 영국인이나 미국인의 입장에서 본다면 영어의 표준이 흔들리고 있다고 우려할 일이다. 하지만 영어는 새로운 영어의 시대를 향해 나아가고 있고, 확장 동심원에 속해 있는 우리나라 영어 학습자들에게 이것이 시사하는 바가 크다.

우리의 영어습득도 이제는 새로운 시대의 영어인 '세계영어'를 향해 나아가야 한다는 말이다. 미국영어와 영국영어의 표준에만 맞추려 한다면 영어제국주의에 편승하는 결과가 빚어질지도 모른다. 그래서 혹자는 아시아영어의 표준을 말하기도 한다. 아마 '세계영어'의 시대에 가장 큰 주도권을 쥐게 될 곳은 우리가 속해 있는 아시아일지 모른다. 이 지역의 인구분포를 감안한다면 충분히 가능성이 있다. 이제 영어의 운명은 우리 아시아인들이 틀어쥐고 있다. 이 운명을 우리는 능동적으로 그리고 진취적으로 개척해 나가야 할 것이다.

2006년 여름 일본 후쿠오카에 있는 세이난 가쿠인 대학교를 찾아갔다. 그곳에서 아시아영어교육학회가 열리고 있었는데, 회원으로서 논문을 한 편 발표하기로 되어 있었기 때문이다. 등록처에서 행사자료와 CD, 기념품 등을 받아들고 내 논문발표가 있을 제1관 202호실을 찾아갔다. 시계를 보니 아침 10시 30분. 내가 논문을 발표하기로 되어 있는 시간보다 딱 한 시간 앞서는 시간이었다. '태풍을 피해 가며 정말 아슬아슬하게 여기까지 오게 되었구나, 정말 다행이다'라는 생각을 했다.

잠시 후 나의 발표 파트너인 중국인 여학자 슈우 지이 선생님과 인사를 나눴다. 그분의 소개와 사회로 내가 먼저 발표를 하고 10분 뒤 나의 소개와 사회로 그녀가 발표를 한다. 도우미의 도움을 받아 내 파워포인트 파일을 노트북 컴퓨터에 올려 바탕화면에 띄워 놓았다. 시간이 있기에 발표장을 나와 로비에 앉아 쌀과자와 음료수를 한 잔 했다. 행사기간 동안 자판기의 모든 음료는 무료였다.

로비에서 우연히 자리를 같이하게 된 사람은 필리핀 마닐라에서 온 여성 발표자였다. 그녀는 고급영어를 자유자재로 구사했다. 영국이나 미국에 가서 공부해 본 적이 있냐고 물었더니 필리핀에서만 학교를 다녔다고 했다. 아주 당차고 패기 넘치는 모습에 꼭 비즈니스우먼 같다고 했더니 자신은 실제로 경영컨설팅 업체를 운영하고 있는 실업가라며 자신이 하는 여러 가지 사업에 대해 얘기해 주었다.

우리는 20여 분 동안 여러 가지 이야기를 나누었다. 그녀는 이 학회에 자비를 들여 참가하고 있었다. 아마도 남편이 재력가인 듯 여러 가지 사회봉사 활동을 무료로 하고 있다는 이야기를 들려주었다. 어쨌든 건전한 사업가라는 인상을 받았다.

그녀에게 필리핀 경제와 사회형편에 대해 물었더니 부정적인 답변을 했다. 정부를 비롯한 공적 지대는 부패무능하고, 사람들은 지나치게 개인주의적인 데다 애국심이 없으며, 빈부의 차이는 계속 커져만 가고, 그래서 지금 자기 조국은 내란 직전이며 감당할 수 있는 것 이상을 감당하고 있다고 했다.

어느 사회든 어느 정도 부패의 요소를 가지고 있다고는 하지만 그래도 한국인은 자기 조국을 사랑하는 애국심을 모두 가지고 있는 것으로 알고 있다고 그녀는 말했다. 필리핀 사람들에게는 그 점이 부족하다는 것을 강조하면서. 그래서 자신은 사적 지대에서 기회가 주어지는 대로 거의 무보수로 많은 사회활동을 하고 있다고 했고, 그것이 자신의 사회를 바꿔가는 유일한 길이라고 믿는다고 하면서 이것이 가톨릭 정신이라고도 했다. 그러면서 내 종교에 대해서도 물었다. 우리는 피차 명함을 교환하고 서로의 발표시간이 겹쳐서 들어볼 수는 없었지만 서로 발표 잘하자는 인사를 나누며 헤어졌다.

마닐라에서 온 그 필리핀 여자 분의 뛰어난 영어 말솜씨가 깊은 인상으로 남아 있다. 내가 혹 마닐라에 갈 일이 있다면 다시 연락을 하여 좋은 친구가 될 수도 있을 것 같은 상대였다. 그러나 나는 그런 우정의 가능성을 확인한 것만으로도 좋았다. 그리고 '세계영어'의 한 부분을 맛볼 수 있은 기회를 갖게 된 것만으로도 큰 수확이라 여겼다.

이제 영어를 쓰게 되면 세계인이 친구가 된다. 영어는 우리를 확장시킬 수 있는 요긴한 도구다. 세종대왕의 훈민정음 서문 '나랏말씀이 중국과 달라'는 이제 '나랏말씀이 세계와 달라'로 바꾸어 생각해야 할 때가 왔다. 문제는 어떻게 국민 모두에게 쉬운 영어를 '반포'하여 모든 백성이 어려움 없이 영어를 '실어 펴게' 할 수 있을까 하는 데 있다.

영국이나 미국 한번 가보지 않고 필리핀 국내에서만 교육을 받고도 훌륭하게 영어를 익힌 필리핀 여성 사업가의 경우를 보면 분명 방법은 있을 것이다.

9. 목적이 아닌 도구로서의 영어

인간은 자연의 법칙에 동화함으로써 외부세계에 적응해 왔고, 동시에 자연을 제어하고 정복하려는 노력 역시 병행해 왔다. 이런 자연에 대한 통제의 필요성이 도구의 발명과 제작으로 이어졌는데 도구는 인간이, 특히 협동이라는 형식을 통해, 자신이 원하는 방향으로 세계를 구성하고 바꿔갈 수 있도록 도와주었다.

도구는 노동에 사용된다. 노동은 인간의 목적지향적인 활동의 원형적인 모습이다. 인간이 노동을 할 때 도구는 중재자 역할을 한다. 즉, 도구는 주체와 객체 중간에서 둘 사이에 어떤 변화가 이루어지도록 매개 역할을 하는 것이다. 그리고 궁극적으로 도구는 인간이 자연을 정복하고 그 위에 군림하는 꿈을 꾸게 해준다.

여기서 중요한 특성 한 가지는 도구가 구체적인 문화적·역사적 조건하에서 개발된다는 것이다. 도구는 특정 문화집단의 개인적 또는 집단적 문제들을 해결하는 방식으로 만들어지고, 노동행위의 상태와 수준을 반영한다는 점에서 문화의 특징들을 고스란히 배태(胚胎)시킨다.

영어도 망치나 삽, 불도저나 컴퓨터와 같은 도구다. 다만 차이점이 있다면 망치나 삽이 물리적 도구인 데 비해서 영어는 수학 기호나 도표와 같은 심리적 도구라는 점이다.

도구를 사용하는 자연스러운 방법은 무엇일까?

못을 박기 위해 망치를 사용해본 적이 있는 사람이라면 도구를 어떻게 사용해야 하는지 잘 안다. 못을 적절히 고정시킨 다음 방향을 잘 겨누어 망치에 순간적으로 적당한 힘을 가해야 한다. 이런 협조가 구체적 단계에서 조금만 잘못되어도 못은 튕겨나가고 망치질은 헛수고가 되고 말 것이다.

못을 박기 위해 망치를 사용하는 것이 아니고, 망치를 사용하기 위해 못을 박는다면 어떻게 될까? 연습 단계에서 도움이 될지는 모르지만 못을 다시 빼야 하는 번거로움이 있을 것이다. 그래서 연습은 다른 방식으로 진행하는 것이 더 합리적이다.

만일 망치라는 도구의 사용법을 익히기 위해 망치의 구조에 대해서 샅샅이 공부해 보는 일은 어떨까? 망치에 대해 논문을 쓰는 것이 아니라면 결코 할 필요가 없는 노력이다. 망치의 구조에 대해서 아무리 잘 알아도 그것을 사용해서 못을 박는 일은 전혀 다른 기술일 것이기 때문이다.

우리는 못을 박기 위해 망치를 사용한다. 망치를 사용하기 위해 못을 박는 것은 아니다. 망치는 수단일 뿐 목적이 아니다. 망치가 목적이 되면 못을 박는 일 자체가 순수한 의미를 갖지 못한다. 그러나 이렇게 주객이 전도된 일이 영어 공부와 관련해서 너무도 자주 일어난다는 데 문제가 있다.

많은 사람들이 시험을 보기 위해 영어를 공부한다. 시험은 좋은 학교에 들어가게 해주고 좋은 학교에 들어가면 좋은 직업을 선택할 수 있다. 이것은 영어공부에 강력한 동기부여를 해줄지는 모르지만 영어를 도구로서가 아니라 목적으로 대하는 것이다.

시험을 잘 보기 위해, 좀 더 구체적으로는 시험 문제를 더 잘 맞힐 수 있도록 문법이나 어휘를 익히며 공부하는 것은 망치 사용법을 익히기 위해 망치의 구조만을 열심히 익히며 공부하는 것이나

다를 바가 없다.

영어를 배운다는 것은 미국 망치 또는 영국 망치의 사용법을 익히는 것과 별다를 게 없는 일이다. 이 망치 사용법을 익히기 위해서는 못을 박아 봐야 하는데 망치의 구조에 대해서만 열을 올리면서 정작 망치를 사용해 보는 일을 등한시한다면 망치 쓰는 기술은 오랜 세월이 흘러도 쉽게 익혀지지 않을 것이다.

영어 망치라는 수단을 잘 활용하기 위해서는 영어 못을 박는 구체적 과업들과 곧바로 부딪히는 게 가장 좋다. 못을 박는다고 하는 구체적인 목적이 설정되면 망치를 다루는 기술의 습득은 사실 시간 문제다.

영어의 못을 박는 구체적인 동기부여 행위는 어디에서 찾을 수 있을까? 제도적으로 틀을 부여할 수 있는 가장 강력한 영어 못 박기는 다양한 과목 수업을 영어로 실시하는 영어몰입교육일 수 있다. 이런 과목기반 영어학습은 내용지식을 습득하는 참 목적을 위해 영어를 수단으로 사용하게 된다는 점에서 강력한 학습효과를 예측할 수 있다.

학생들이 수학이나 지리 등 과목을 공부하는 데 있어서 영어가 그 매개로 사용된다면 과목지식을 터득하는 것이 학습의 일차적 목직이 되면서 자연스럽세 엉어 사용법을 익히게 될 섯이다. 우리나라와 같은 외국어 환경에서 이보다 더 바람직한 영어 공교육 방법은 없다. 영어 의사소통 능력을 기르기 위해서는 참 목적이 동반되는 영어 사용이 필수적인데 교실 밖에서 우리가 영어를 사용할 일이 거의 없다는 점을 감안한다면 교실 내에서 참 목적의 영어 사용을 담보해 주는 이런 과목기반 영어교육은 놓칠 수 없는 가능성이다.

한국어의 위축이나 과외공부의 기승 등 문화적·교육적 위험부담이 높은 전면적 몰입교육이 아닌 단계적 영어몰입교육은 교사 확보와 학생들의 준비 상태 등 몇 가지 여건만 성숙하면 시도해 볼 만한 가치가 충분한 영어 교육정책이다. 비용도 만만치 않겠지만 효율 면에서 비용을 능가할 수 있다면 장기적 관점에서는 비용이 낮아질 수도 있을 것이다.

한 시중은행의 지점장으로 일하고 있는 건우 씨는 지금까지 오직 시험을 보기 위해서만 영어를 공부해 왔다. 그는 자신의 영어공부 과정을 돌이켜 보건대 단 한 번도 다른 목적을 위해서 영어를 공부해 본 적이 없다고 믿는다.

중학교 때도, 고등학교 때도, 그리고 대학에 다닐 때도 영어로 시험 이외의 어떤 다른 목적을 수행하기 위해 공부해 본 적이 없었다. 직장에 들어와 승진시험을 볼 때도 역시 영어는 시험을 목적으로 한 공부였다. 그러기에 당면한 시험을 끝내면 영어공부도 끝났다.

고등학교 때 대학 입시를 잘 치르기 위해 주로 종합영어와 정설영어라는 참고서로 공부했는데, 그가 본 책 중에는 『영어독해의 철저적 이해』라는 이름의 책까지도 있다. 그러나 그는 아직까지도 영어독해에 자신이 없다. 영어 말하기나 듣기는 그만두고라도 『철저적 이해』를 목적으로 영어독해를 공부했는데도 왜 영어로 쓰인 에세이나 기사 한 편을 제대로 이해하며 읽을 수 없는 것일까? 건우 씨는 이 점이 이해가 되지 않는다.

가장 큰 이유는 아마 영어독해 공부를 교양지식을 얻기 위한 목적의 수단으로 하지 않았기 때문일 것이다. 영어독해는 '철저적(徹底的) 이해'를 목적으로 하는 것보다 재미있게 읽는 것을 목적으로 할 때 더 잘 배울 수 있다. 그가 만일 고등학교 시절 『시험 걱정 없는 즐거운 영어독해』를 교재로 공부했더라면 그의 영어독해 실력은 지금보다는 훨씬 더 나아져 있을 것이다.

학창시절 수많은 영문들을 다루어 보고 익혀 보았지만 생각나는 것은 별로 없다. 건우 씨가 유일하게 기억하고 있는 것은 고2 때 어느 영어잡지에서 본 밸런타인 데이 카드에 들어가 있는 시구(詩句)다.

Roses are red,	장미는 붉고
Violets are blue,	바이올렛은 푸르고
Sugar is sweet;	설탕은 달콤하다네
And so are you	그대가 그렇듯이

열일곱 사춘기에 읽은 이 연시는 곧바로 그에게 감정이입이 일어나게 해주었고, 구체적으로 이런 시를 적어 보낼 여자 친구도 없었지만 그 상상만으로도 충분히 그의 마음을 들뜨게 했다. 그래서 30여 년의 세월이 흐른 지금까지도 이 시구만은 기억할 수 있다. 이것 또한 그가 이해할 수 없는 부분이다.

영어의 미소발생(microgenesis: 비고츠키를 위시한 사회문화 이론가들의 용어로 분 단위로 이루어지는 단시간 내의 영어학습 사례를 가리키는 말)은 영어의 형식이 아니라 영어의 내용에 주된 반응을 하게 될 때 더 잘 일어난다. 언어 형태를 직접 다루는 것이 아니라 의미를 다루면서 은근슬쩍 다루게 될 때 그 언어학습은 간접적으로 일어나면서도 깊게 일어나고, 그 말 자료 속에 포함되어 있는 '말을 거는 낯선 자'와의 접촉을 통해서 평생 동안 기억할 수 있는 강렬한 언어습득이 이루어지는 것이다.

영어는 내용으로 문화와 의미를 담고 있다. 이 문화와 의미에 일차적인 관심을 보일 때 영어습득은 자연스럽게 이루어진다. 영어라는 수단을 배우기 위해 접근하기보다는 문화나 지식이라는 목적을 얻기 위해 접근할 때 더 효율적인 영어학습이 일어날 수 있다.

10. 언어의 본질로서의 '가십'과 '노래'

언어는 물리적 환경에 대한 정보 교환을 목적으로 진화했다는 것이 전통적인 입장이다. 예컨대 사냥을 위한 조직이나 석기를 만드는 방법 같은 지식의 구체화와 관련을 가졌다고 보는 것이다.

그러나 지난 10년 동안 새로운 제안이 나타났다. 언어가 본질적으로 사회적 목적을 수행하기 위해 진화되었다는 생각이 그것이다.

여기에는 세 가지 가능성이 따라붙는다. 첫째, 상징적 관계에 대한 이해가 필수적인 사회적 계약 체결에 있어서의 언어 역할과 둘째, 배우자들이 서로를 즐겁게 해주고 서로의 헌신을 다짐하는 자웅결속 현상에서의 언어 역할, 그리고 마지막으로 대단위 사회집단의 단결을 고취시키기 위한 사회적 결속 목적의 언어사용 등이다.

이런 모든 가능성들을 통합하는 가설에 '가십가설'(gossip hypothesis)이 있다.

사회적 계약, 특히 특정 배우자나 결혼 상대자들에 대한 타인의 권리를 존중해 주겠다는 약속은 사회의 원활한 기능을 위해 반드시 지켜져야 하는 약속이다. 하지만 이것이 대단위 사회집단이 나타나기 전까지는 특별히 방해가 되는 문제는 아니었다.

다른 개체의 배우자를 존중해 주거나 배우자를 계속적으로 즐겁게 해주는 일은 다른 많은 포유류 종이나 조류들도 언어의 혜택 없이 그럭저럭 해낸다. 그 대표적 방법이 털고르기(grooming)이다.

침팬지가 따뜻한 햇볕을 받으며 가족의 털을 골라주는 모습을 우리는 영상매체들을 통해 많이 보았다. 이런 털고르기는 뇌를 자극하여 뇌의 자체 진통제인 엔돌핀(endorphin) 호르몬을 분비시켜 기분을 좋게 해준다. 그리고 그와 같은 편안한 느낌과 만족감은 동물들로 하여금 털을 골라주는 개체에 대해 더 많은 신뢰를 갖게 하고 더 헌신하게 만들어 준다.

중요한 것은 사회적 털고르기에 바쳐지는 시간과 유인원의 사회집단 크기 사이에 상관관계가 존재한다는 점이다.

집단이 크면 클수록 같은 정도의 사회적 통합을 이룩하기 위해서 그 크기만큼의 털고르기가 필요하다. 그러나 사회적 털고르기에 쏟아 부을 수 있는 시간의 양에는 한계가 있을 수밖에 없으며, 이로써 이런 식으로 결속될 수 있는 집단의 크기 역시 궁극적인 한계가 있다.

털고르기 시간의 상한선은 전체 낮 시간의 약 20%쯤 된다고 한다. 먹이를 구해 와야 하는 필요성 때문에 동물들은 사회적 교류에 실제적으로 이 이상의 시간을 투자할 수 없다. 이렇게 해서 집단 크기의 최대 상한선은 약 70 내지 80개체로 정해진다.

그런데 자연스러운 인간집단의 평균 사이즈는 약 150명 정도이며 부족국가 정도의 규모가 되면 숫자는 이보다 훨씬 더 커진다. 150명 정도의 집단만 하더라도 원숭이나 유인원 집단의 털고르기 데이터를 적용하여 계산한다면 인간은 45% 이상의 낮 시간을 털고르기에 써야 한다. 식량을 구해 와야 하는 절실한 요구가 존재하므로 이것은 불가능한 일이다. 그래서 털고르기의 효율을 극대화하기 위해 언어가 출현할 수밖에 없었다.

언어는 한번에 여러 개체의 '털고르기'를 할 수 있도록 해주고,

사회적 교류망 내 다른 구성원들에 대해 정보를 교환할 수 있게도 해준다. 또한, 언어는 다른 개체들의 행동에 대해 감시자 노릇을 할 수 있게 하여 사회적 결속에 큰 위협이 되는 무임승차자(free rider)들을 최소화하는 역할도 해준다. 꿩 먹고 알 먹고, 가재 잡고 도랑 치우는 것이 언어였다.

그렇다면 언어는 언제쯤 출현했을까? 확실히는 아무도 모른다. 그러나 고고인류학자들과 진화심리학자들은 언어가 대체로 50만 년 전경에 출현했을 것이라고 믿고 있다.

여기에는 몇 가지 해부학적 증거가 있다. 혀가 지나가는 두개골 아래쪽으로 뚫린 구멍을 활성화시키는 신경의 직경이 세련된 운동 조작을 필요로 하기 때문에 다른 영장류들의 경우보다 신체에 비해 인간의 그것이 훨씬 더 크다는 것이 첫 번째 증거이고, 두 번째로는 세련된 호흡 통제와 흉부 및 흉곽 통제를 위해 인간의 흉부 상단 척추 모양이 두드러지게 두텁다는 것인데, 이는 호흡을 관장하는 신경들이 더 많이 모여 있기 때문에 나타나는 현상이다.

호미니드(hominid) 화석을 검사해 보면 이 두 종류의 신경 확장은 50만 년경에 일어났으며 고생인류인 하이델베르크인(Homo heidelbergensis)에게서 처음으로 나타난다.

해부학적 통찰력의 또 다른 근거는 영장류 관련 신피질 크기로 예측되는 집단 크기와 역시 영장류 관련 사회 집단을 결속시키는 데 필요한 털고르기 시간과의 관계에서 나타난다.

만일 그 이상 넘어갈 수 없는 털고르기 시간의 한계가 있다고 가정하면 서로 다른 호미니드 군집에 요구되는 예상 털고르기 시간을 고고학적 연대와 비교하여 좌표 확인을 함으로써 언제 이 일이 일어났는가를 알아낼 수 있는데, 이러한 해부학적 증거를 종합해 보면 언어의 발생 시기는 대략 50만 년 전경으로 압축된다는 것이다.

최근 문법능력을 뒷받침해 준다고 여겨지는 유전자에 대해 인간과 유인원의 유전학적 차이를 분석해 본 결과 약 20만 년 전에, 즉 대략 해부학적 현생인류인 호모사피엔스(Homo sapiens)가 나타날 때쯤, FoxP2 유전자 자리(gene locus)에서 두 개의 주요 돌연변이가 일어난 사실이 드러났다.

이것은 말(speech)을 할 수 있는 능력이 문법(grammar)능력보다 상당 기간 먼저 나타났을지 모른다고 하는 가능성을 제기한다. 요컨대 인간은 30만 년 동안 문법 없이 말을 하고 살았다는 것이다.

말할 수 있는 능력과 문법체계를 갖춘 언어를 구사하는 능력 사이의 시간차 발생에 대한 해석은 언어보다 먼저 사회적 결속을 위한 비언어적 발성으로서의 원시적인 말 형태를 사용한 국면이 있었을 것이라는 가정이다. 으뜸가는 후보는 음악이다. 특히 가사 없는 노래가 그렇다. 언어보다 먼저 함께 노래를 부르는 형태가 인간 사회를 결속시켰을지도 모른다는 가능성은 달리 설명하기 어려운 여러 가지 문제들을 해결해 준다고 학자들은 보고 있다.

지금까지 논한 언어의 진화에 관한 주장들을 간추린다면, 언어는 남녀와 집단을 결속시키기 위한 사회적 목적을 위해 진화했고, 이런 본연의 목적을 수행하는 언어의 특질로 '가십'을 들 수 있으며, 제대로 된 문법이 나타나기 전까지 상당 기간 동안 인간은 '노래'와 비슷한 형태의 원시적 형태의 의사소통을 먼저 해왔을 가능성을 배제할 수 없다는 것이다.

그래서 '영어를 어떻게 배우는가'를 논하면서 우리는 영어의 '가십'적인 측면과 '노래'적인 측면에 주목하지 않을 수 없게 된다.

현대의 많은 영어습득 이론가들이 어린아이들의 모국어 습득에서 모델을 구하면서 명시적인 문법 학습이나 어휘 학습을 통해 어린아이들이 말을 배우는 것이 아니라 어른들이나 또래들 사이의 하찮아 보이는 '대화'를 통해 말을 배우므로 먼저 많은 양의 '대화'를 입력으로 제공하고, 일정한 침묵기를 거쳐 자연스럽게 문장을 출력하여 '대화'에 참여할 수 있도록 하는 것이 최소한의 노력으로 언어 습득이 일어나게 할 수 있는 최선의 방안일 것이라고 주장해 왔다.

이를 소위 '자연교수법'(Natural Approach)이라고 하는데 과연 그런 시시한 '채팅'만으로도 언어습득이 일어날 수 있을까 하는 의구심을 불러일으키기도 했지만 우리들의 상식과는 달리 열렬한 문법 교육이나 어휘 교육을 통한 언어지식의 습득만으로는 효과적인 언어습득이 일어날 수 없다는 데 대해 시의적절한 경고를 해주었다는 점에서 이를 평가해 줄 필요가 있다고 본다.

여기서 명심해야 할 것은 '가십'이 언어출현의 본질적 배경이었으며 오늘날 우리가 언어를 습득하는 것도 결국 '채팅'이나 '가십'의 배경을 이용한다는 점이다.

한편 '노래'는 우리 인간에게 심오한 정서적 결합가(emotional valency)를 가지고 있다. 노래는 비인간 영장류의 발성과 인간의 말 사이에 비약이 필요 없게 해준다. 동물들도 노래 비슷한 발성으로 의사소통을 하기 때문이다. 노래는 털고르기와 같이 엔돌핀 호르몬의 분비를 촉진시킨다는 점에서, 그러나 동시에 일을 하면서 노래를 부를 수 있고, 한번에 여러 개체들과 노래를 부를 수 있기 때문에 털고르기의 한계를 뛰어넘을 수 있다는 점에서, 언어 진화에 교량적 역할을 했었으리라는 기대를 갖게 해준다.

뿐만 아니라 음악은 계통발생학적으로도 언어보다 더 오래되었음을 우리는 알고 있다. 언어는 좌뇌에 편측화되어 있는 반면 음악적 감각은 우뇌에 편측화되어 있어 언어보다 훨씬 더 오래되고, 훨씬 더 원시적인 신경 기제를 활용한다.

언어는 음악적 감각을 활용하여 발달한 인간의 또 다른 기능이다. 특히 구어체 언어는 '노래'를 하듯 운율 감각을 가지고 익히는 것이 중요하다. 이것은 음악의 진화 순서가 말보다 앞서기 때문이며 음악적 요소들이 매우 핵심적인 기여를 해주었으리라고 유추하는 것에 큰 무리가 없기 때문이다.

이런 점에서 캐롤린 그레이엄(Carolyn Graham)의 재즈 챈트(Jazz Chant)를 이용한 영어학습법은 탄탄한 원리에 기반한 영어학습법이라 여겨진다. 우리나라 영어교실이 이제 '노래'와 '챈트', '대화'와 '가십'으로 시끄럽게 살아나는 교실이 되었으면 좋겠다. 특히, '노래'와 '챈트'의 장점은 가르치는 선생님의 재량으로 얼마든지 내용과 형식의 수정, 변형이 가능하다는 데 있다. 이제는 영어교육에도 교사나 학생의 단순한 영어능력만이 아니라 멋과 개성과 창의력이 숨결을 불어넣는 시대가 도래했다고 본다. 영어 가르치기와 영어 배우기에 '예술'의 바람이 불어야 할 때가 되었다고 믿는다.

재희는 대학 3학년생이다. 한 학기를 휴학하고 스터디 앤 워크(Study & Work) 프로그램에 참여하여 캐나다 서부 밴쿠버에 있는 한 대학의 비즈니스 영어 클래스를 다니게 되었다. 집중 영어수업의 일종인 이 수업은 존(John)이라는 영국계 선생님의 지도를 받아 주로 프레젠테이션과 토론으로 이루어졌다.

처음에는 클래스 멤버 중에 한국 학생이 다수였지만 나중에는 브라질 학생들이 대거 진출하여 다수를 차지했다고 한다. 같이 공부한 학생들 중에는 러시아와 우크라이나에서 온 학생도 있었고 심지어는 아프리카나 미국에서 온 흑인 학생도 있었다. 이들은 영어를 배우려는 목적보다는 일자리를 구하려는 목적이 더 컸다.

한국 기업에 대해 소개도 하고, 브라질 학생들과 축구도 하면서 재미있게 시간을 보내다 보니 영어 실력은 날이 다르게 늘어갔다. 활달하고 개방적인 재희를 영국인 존 선생님은 '사랑스런 햇빛'(Lovely Sunbeam)이라고 불러주었다고 한다. 왜 내가 '사랑스런 햇빛'이냐고 물었더니 선생님 왈, "You're always smiling, always bright, and lovely"(넌 늘 미소를 잃지 않고, 늘 밝고, 사랑스러우니까)라고 대답해 주었다.

얼마 후 재희는 밴쿠버 시의 앞바다에 떠 있는 수많은 섬들 중 하나인 펜더 섬(Pender Island)의 '시인의 만'(Poets' Cove)이라는 곳에 있는 한 리조트 호텔에 취업이 되어 밴쿠버에 있는 학교를 떠나오게 되었다. 이 호텔 레스토랑에서 재희는 손님을 응접하고 예약을 담당하는 호스티스(hostess) 직책을 수행하게 되었다. 계약상으로는 주당 40시간 일하게 되어 있었지만 처음에는 손님이 별로 없어서 그 절반 정도밖에 시간을 채우지 못했다. 그러나 호텔 스파에서 3시간씩 일을 더하게 되어 결국 40시간을 채우게 되었다.

펜더 섬은 서울 크기만 한데 인구는 2,000명밖에 되지 않았다. 자연환경이 잘 보전되어 있어서 오다가다 늘 사슴을 만나곤 했고, 여름에는 야생 블랙베리와 자두를, 가을에는 야생 사과를 마음대로 따먹을 수 있었다. 관광산업이 경제의 주축이었는데 캐나다와 미국에서 여가를 즐기러 오는 손님들이 주 고객이었다. 하지만 일 년 내내 한가하다가 6월 중순경부터 시작되는 여름휴가철에야 반짝 호전되는 경기 탓에 현지인들에게는 매력적인 일자리를 제공하기 어려웠다. 그래서 사회 초년생 캐나다 젊은이들이나 한국의 대학생들과 같은 외국 인력을 저임으로 써야만 꾸려나갈 수 있는 특수성을 지니고 있었다.

캐나다나 미국에서 온 고객들은 이곳에서 근사한 식사를 한 끼 하기 위해 하룻밤 숙박을 하며 5,000달러 정도를 쓰고 간다고 한다. 어떨 때는 캐나다 동부에서 결혼식을 하기 위해 100여 명의 하객들이 비행기를 타고 와서 이삼일씩 묵으며 돈을 쓰고 가기도 한다고. 이럴 경우 비용은 대부분 혼주가 대는데 대충만 계산해도 몇 억이 든다고 하니 대단하다.

한번은 이런 해프닝이 있었다. 케첩은 이들이 볼 때 햄버거에만 넣어 먹는 음식이다. 그런데 재희가 어느 날 평소 한국에서 하던 대로 계란 프라이에 케첩을 발라 먹는 것을 보고, 한 캐나다 남자애가 말했다. "얘, 너 그거 케첩인지 알고 먹는 거니?" 이때 웬만한 사람은 위축되기 마련. 그러나 재희는 안다 모른다 대답을 하지 않고 "사람마다 생활방식이 다른 거야"라고 말하며 오히려 공세를 취했다. 그러자 캐나다 남자애는 한발 물러서면서 "음, 내가 방금 말한 것은 농담으로 한 거야", 그러자 재희는 잽싸게 "응, 나도 농담으로 알아듣고 받은 거야"라고 대답해 주었다.

이렇게 1 : 1 말싸움에서 지지 않는 재희를 보고 캐나다 애들은 차차로 재희를 인정해 주기 시작했다.

또 이런 일도 있었다. 어느 날 캐나다 남자 서버 애가 아이스크림처럼 초콜릿을 받아내는 구멍을 행주로 닦고 있었다. 깜짝 놀란 재희는 '위생'(hygiene)이라는 단어가 생각이 안 나서 "얘, 우리 고객이 행주 맛을 보겠다"고 말해 주었다. 그러자 평소 까칠하게 굴던 캐나다 남자애는 뜨끔해서 바라보며 "너 그런 말도 할 줄 아니?"라고 받으며 당황하는 모습이 역력했다. 그래서 다시 "너는 행주가 얼마나 더러운 건지 아니?"라고 확실하게 못을 박아 주었더니 더 이상 대꾸를 하지 못하고 완전히 항복하는 모습을 보였다고 한다.

캐나다 남자애들은 까칠할 뿐만 아니라 매너도 없었다. 호스티스가 테이블 치우기를 해주면서 접시 치우고 상 차리는 걸 도와주었음에도 불구하고 팁 나누기를 하지 않기 위해 "팁은 내일 계산하자" 등등의 말로 차일피일 미루고, 기회만 있으면 그냥 내빼려고 했다. 다른 여자 서버 애들은 봉투에 동전까지 넣어 건네주면서 입에 발린 말이지만 "Thank you"를 연발하는 반면에, 남자애들은 걸핏하면 자기 부모가 동부에서 얼마나 대단한 사람이고 무슨 차를 타고 다니는지 자랑이나 하려고 하고, 일주일에 하루가 멀다 하고 파티를 하는데, 가보면 쭈뼛쭈뼛 제대로 놀지도 못하면서 은근히 사람 무시하고, 말 자르고, 끼어들기를 용납하지 않는 속 좁은 행태를 보였다.

한번은 팁을 주는데 자기네들끼리는 이따금씩 그러곤 하지만 재희에게도 팁을 휙 던져주었는데 그 과정에서 팁이 바닥에 떨어졌다. 이걸 주워 가질 재희가 아니었기에 바닥에 떨어진 팁을 무시하면서 재희는 정색을 하고 쏘아붙였다. "I'm not your beggar."(난 네 거지가 아니야.) 그러자 옆에 있던 다른 캐나다 남자애 왈: "Uh-oh! It's huge!"(어어, 큰일 났네!) 매서운 재희의 기세에 눌려 돈 던진 캐나다 남자애가 할 수 없이 "I'm sorry. No offense intended."(미안, 일부러 그랬던 건 아니야.)라고 말했다. 그때 재희는 상냥함을 가장한 목소리로 이렇게 말했다. "Next time, will you give me your tip NICELY?"(다음번엔 팁 좀 예의 바르게 줄래?)

그 이후로 남자애들이 한국에서 온 도도한 애라고 생각하면서 약간은 재희를 두려워했다. 하지만 그런 생각은 오래가지 않았다. 평소엔 조신하기만 하던 재희가 주말 파티에서 한국에 있을 때 댄스 동아리에서 익힌 화끈한 춤솜씨를 선보이며 댄싱퀸으로 등극하는 것을 보면서, 재희의 번뜩이는 재치와 손님에 대한 정성어린 배려, 그리고 날로 늘어가는 영어 대화 실력을 보면서, 이내 다들 친구가 되고 동료가 되어 서로 돕고, 이해하고, 위해 주며 우정을 나누게 되었다.

그들은 재희가 특유의 방식으로 자신들의 '털고르기'를 해주며 '엔돌핀' 호르몬을 분비시켜 주고 '가십'에 참여하려 한다는 것을 알았다. 그들은 재희가 자신들의 음악을 좋아하고, 자신들의 영화를 좋아하며, 자신들의 춤을 좋아하는, 저 동양의 조그만 나라에서 온, 그러나 장래에 대해 많은 꿈들을 갖고 있는 젊은이임을 알았다. 그 중에서 가장 친해진 다니엘은 걸핏하면 재희의 보디가드 노릇을 자처하며 이렇게 농담을 하곤 했다.

"어이, 김정일 위원장 따님! 핵무기를 엉덩이 어딘가에 숨겨가지고 왔지? 그거 언제 터뜨릴 거야?"

11. 영어의 미소발생(微小發生)

우리는 현상 너머 존재한다고 믿는 본질을 보고 싶어 한다. 때로는 분석을 통해서 본질을 파악하기도 하고, 때로는 직관에 의존하기도 한다. 어떨 때는 직관에 역행하는 역발상을 도입하기도 한다.

소쉬르는 언어가 본질적인 것과 현상적인 것으로 나뉘어 있다고 보고 이를 랑그(langue)와 파롤(parole)이라는 개념으로 나누어 이해하고자 했다. 이와 비슷한 맥락에서 촘스키도 인간의 언어지식이 언어능력이라는 본질적 요소와 언어수행이라는 현상적 요소로 이루어져 있다고 보았다.

또 하나의 의문이 있다. 언어의 본질은 단어에 있을까 아니면 문장에 있을까?

직관을 통해 비고츠키는 단어에 있다고 보았고, 촘스키는 구조주의적 분석틀을 이용해 말의 본질이 문장을 구성하는 인간의 능력에 있다고 보았다. 그러다가 최근에 들어와 최소주의 이론을 수립하면서 어휘부(lexicon)가 일차적인 고려 대상이 되어야 한다고 하며 한발 물러서는 태도를 취했다. 비고츠키의 직관이 맞았던 모양이다.

그러나 언어의 본질이 통사론적 관점에서 논의의 대상이 되는 단어나 문장이 아니라 의미론적 관점에서 문제가 되는 의미와 지시, 즉 언어의 상징적 특성에 있다고 주장하는 사람들도 있다. 이와 비슷한 맥락에서 언어의 본질이 그 기능이나 쓰임(用)에 있다고 믿는 할리데이(Halliday)나 비트겐슈타인(Wittgenstein) 같은 사람들도 있다.

의미와 지시 또는 기능 역시 단어로부터 시작되는 것이니 단어가 영어의 미소발생이 일어나는 기본 단위라고 생각해 보자.

영어 단어 'cat'은 잘 아는 대로 '고양이'를 의미한다. 우리는 대부분 이 단어를 영어습득의 첫 단계에서 배웠다. 간단한 1음절 단어이고 발음도 그다지 어렵지 않기 때문에 쉽게 배웠다. 하지만 우리가 쉽게 배울 수 있는 이 단어의 의미, 즉 소리나 문자 생김새와 그것이 지시하는 동물 사이의 관계를 인간이 아닌 다른 동물들은 배울 엄두도 내지 못한다.

예컨대 동물 가운데 가장 영리하다는 침팬지와 같은 유인원 종들도 '도상'(icon)이나 '지표'(index)가 아닌 이런 '상징'(symbol)의 의미 관계를 잘 이해하지 못한다. 물론 이런 상징의 문턱을 뛰어넘은 대단한 침팬지가 있기는 하다. 그럼에도 불구하고 상징을 이해할 수 있는 유일한 종은 인간밖에 없다고 해야 옳다. 침팬지의 상징 이해나 소삭 성노는 매우 제한적이기 때문이다.

언어지식은 인지(cognition)를 통해 습득된다. 인지는 'cat'과 같은 소리나 문자 표상(representation)을 뇌라는 기관의 신경망 입출력 정보처리 시스템을 통해 입력정보를 '처리'(processing)함으로써 일어난다. 예컨대 'cat'이라는 문자의 해독과 의미 인지는 대략 다음과 같은 방식으로 이루어진다.

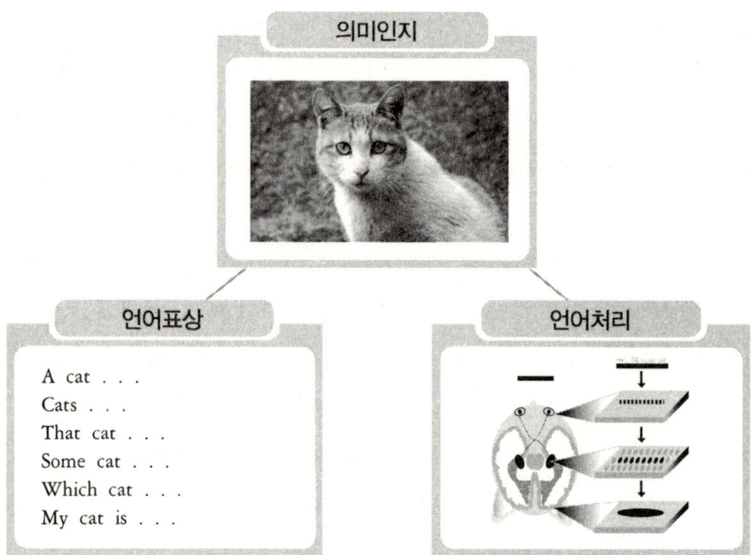

언어표상으로 나타난 텍스트상의 'cat'이라는 문자를 먼저 시각처리하고, 이것의 의미를 해독하기 위해 확인한 이 단어를 도서관의 서가에서 책을 찾아내듯이 기억부의 여러 주소에서 단어를 찾아내어 일치시킴으로써 출력으로 'cat'이라는 단어 텍스트의 의미-지시 관계를 이해하는 것이다.

이 과정이 수많은 연습을 통해 자동화되면 우리는 문장 속의 'cat'이라는 단어를 보는 순간 그것을 통해 '고양이'라는 심상을 떠올릴 수 있게 된다.

그러나 엄격히 따지자면 이것은 'cat'이라는 단어를 어떻게 처리하여 인지하느냐의 문제이지 이 단어를 어떻게 배우느냐의 문제는 아니다. 그렇다면 'cat'이라는 단어를 우리는 어떻게 배우는가?

우선 두 가지 방법을 생각해 볼 수 있다. 첫째, 교실에서 교재나 교사의 설명을 통해 'cat'이 '고양이'를 의미한다는 사실을 개념적으로 배우는 경우이고 둘째, 교실 밖의 자연적 환경에서 실제 '고양이'를 보며 'cat'이라는 단어를 배우게 되는 경우이다.

이 두 가지 방법들 중 어느 쪽이 더 강렬한 학습이 이루어질 것이고 그로 인해 이 단어지식의 회수(回收)나 저장에 더 도움이 될 것이냐 하는 문제는 자명하다. 당연히 자연적 환경에서 실제 사물을 보며 인지한 'cat'이 개념적으로 배운 'cat'보다는 더 나은 학습이나 기억을 유도할 것이다.

자연적 환경에서의 학습은 또한 보다 더 실제적인 단어를 접할 수 있다는 이점도 있다. 우리가 실제 생활 속에서 '고양이'란 말 대신에 '나비'나 '야옹이'라는 단어를 많이 쓰듯이 영어도 'cat'이라는 말 대신에 'kitty'라는 단어를 많이 쓴다. 개념적 학습만 이루어질 경우 접하기 힘든 이런 일상용어들을 자연적 환경에서는 쉽게 접할 수 있다는 것이 단어 학습의 능률이란 측면에서 또 다른 장점으로 작용할 수 있다.

인간의 기억은 시간의 제곱에 반비례한다고 한다. 시간이 지났음에도 불구하고 정보를 지속적으로 유지하고 이를 필요할 때마다 다시 기억 저장고에서 끌어내어 쓸 수 있게 해주는 것은 무엇일까? 만일 영어의 단어 학습에 어떤 초기억법이 있다면 영어의 미소발생 효과는 크게 높아질 수 있을 것이다. 기억은 단순한 뇌 활동이 아니라 이해력, 판단력, 적응력과 같은 고등 인지활동의 기본이 되기 때문이다.

기억이론 가운데 흔적이론(trace theory)이라는 것이 있다. 이 이론에서는 기억과 연관되는 일화적(逸話的) 정보가 자주 그리고 강렬하게 처리 흔적을 남길수록 기억연상이 쉽게 이루어진다고 본다. 그래서 제임스 애셔(James Asher) 같은 심리학자는 신체운동과 구두발화를 결합시켜 이중적 흔적이 남게 하는 외국어 교수법을 개발해냈다. 다양한 명령문을 듣고 따라함으로써 영어를 배우는 '전신반응'(Total Physical Response) 교수법이 바로 그것이다.

영어의 미소발생, 즉 1분, 2분과 같은 작은 시간 단위의 영어학습은 단어를 둘러싸고 이루어진다. 단어의 의미와 단어가 가지고 있는 통사적 특성들이 투사되어 결국 문장도 만들어낸다는 점에서 영어습득의 성패는 어떤 단어를 얼마나 잘 학습할 수 있고, 그런 단어지식들이 또 얼마나 잘 축적될 수 있는가에 달려 있다.

우선은 자연스러운 언어 환경에서 강렬한 감각적 입력(sensory input)을 통해 다중적으로 결합된 흔적을 남기게 하라는 것이 효율적인 영어학습과 영어 미소발생의 요체인 듯하다.

아마도 한국인에게 가장 어려운 영어 발음은 /r/ 발음과 /l/ 발음일 것이다. 미국에 있을 때 사회학 박사과정을 밟는 한국인 유학생이 이 발음을 정확히 거꾸로 하는 것을 보았다. 미국인들에게는 너무나도 쉽고 자연스러운 이 발음이 왜 우리에게는 어려울까? 우리말에 /ㄹ/ 발음이라는 비슷한 발음이 있어서 이 발음이 부정적인 영향을 미치기 때문일지 모른다.

음성학 공부를 통해 두 발음의 차이를 정확히 알게 된 나는 말할 때는 비교적 잘 구별하여 발음하는 편이다. 하지만 팝 가수 베트 미틀러(Bet Mittler)의 팝송 가사를 딕테이션하다 보니 나 역시 들려오는 소리가 rose인지 laws인지 구별하지 못하는 것을 발견했다. 조금이라도 명확성이 떨어지게 되면 우리는 /r/ 발음과 /l/ 발음을 구별하지 못하게 된다. 물론 모음인 /ou/ 발음과 /ɔ:/ 발음의 차이도 구별하기 어려웠다. 이러한 발음상의 난점들은 나중에 가서 전반적인 회화능력에도 영향을 주는 것 같다.

정수는 대학 2학년생으로 미국체류 3개월의 단기경험을 통해 비교적 완벽하게 영어 말하기 기술 습득에 성공했다. 정수는 네 살 때 부모들로부터 영어 단어와 발음을 공부한 적이 있다. 개미 그림이 그려져 있는 그림 옆에 ant라는 단어와 사자 그림이 그려져 있는 곳에 lion이라는 단어가 나와 있는 알파벳 단어판을 가지고 알파벳 순서로 된 26개의 단어와 발음을 익혔다. 물론 거기에는 rose라는 단어도 있었다.

정수는 lion의 /l/ 발음과 rose의 /r/ 발음이 차이가 있다는 것을 쉽게 받아들였다. 이렇다 할 설명을 해주지 않았는데도 두 발음을 다른 발음으로 인식하고 정확하게 발음했다. 그의 부모들은 이것이 신기하여 자꾸만 발음을 시켜 보았다고 한다.

이유는 분명치 않다. 정수가 원래 음소 구별 능력이 뛰어나서 생소한 영어 발음을 잘 소화해낼 수 있었는지 아니면 우리말 습득이 아직 완전하게 이루어지지 않은 상태라서 그 발음들의 차이를 모국어 발음인 양 자연스럽게 받아들였기 때문인지 확실하게 알 수는 없다. 하지만 그 이후 학교에 들어가 영어를 배우는 동안에도 정수는 발음에 있어서만큼은 큰 어려움을 겪지 않았다. 그리고 아마도 이런 것이 장점이 되어 단어습득이 잘 이루어졌고, 단기간에 영어 말하기 능력이 급신장하는 결과를 가져왔던 것이 아닐까 하는 생각이 든다.

정수의 영어학습에 있어서 또 하나 특기할 만한 점은 초등학교에 다니는 동안 더빙이나 자막이 없는 영화들을 비디오테이프로 수없이 보았다는 점이다. 특히 〈홈 어론 2: 뉴욕에서 길을 잃다〉는 틈만 나면 보곤 했다. 아마 100회 정도는 보았을 것이라고 한다. 어린 초등학생이 자막도 없이 이 영화의 내용을 어떻게 이해하며 보았을까? 약간씩 부모의 설명을 참조하기도 했지만 전반적으로는 언어에 대한 분석 없이 언어를 소리와 장면 내용이 결합된 총체적 현상으로 받아들이며 이해하려 했다는 것이 그 후 정수의 언어관에 무의식적인 영향을 주었던 것 같다.

자연적 습득 환경은 아니었지만 진정성(眞正性) 높은 자료를 사용한 것은 분명하다. 그래서 그런지 정수가 영어로 말할 때 보면 전혀 문법적 분석 의도 없이 철저히 전달하는 의미와 내용에 초점을 맞춰 말하기를 계획하고 실행한다. 따라서 군더더기 없이 깔끔하게 상황에 최적화된 말만을 하고 특히 실시간 의사소통에 강하다. 그는 말할 때 내 말이 문법적으로 맞을까보다는 내 말이 얼마나 위트가 있을까를 생각한다. 그리고 주로 단어에 의존한다.

위트나 유머의 발생은 순간을 단위로 이루어진다. 정수는 말하면서 순간을 놓치지 말아야 된다는 사실을 무의식적으로 습득했다. 그의 경우는 제대로 된 영어의 미소발생이 제대로 된 영어의 개체발생(ontogenesis: 원래는 생물학에서 '개체가 배아(胚芽)의 상태에서 완전한 성체(成體)가 되기까지의 과정'을 일컫는 말이나 언어습득의 경우 단순한 단계에서 복잡한 단계로 발전하여 온전한 언어사용자로서 기능하게 되는 경우를 가리키는 말)으로 이어진 사례가 아닌가 한다.

12. 과거시제를 어떻게 배우는가?

학교에서는 당연히 과거시제 규칙을 먼저 배우고 이 규칙에 예외가 되는 불규칙과거형들을 암기하는 방식으로 과거시제를 배운다. 규칙과거형을 학습하는 데는 아무 문제도 없다. 대부분의 동사들이 동사원형에 규칙과거를 만들어내는 어미 -ed를 붙이면 되기 때문이다. 다만 문제가 되는 것은 이런 규칙이 적용되지 않는 was, had, got, took, ate, went, came과 같은 불규칙과거형들이다.

이런 불규칙과거 동사들은 대부분 과거분사 형태마저 불규칙하기 때문에 우리는 영어교과서 뒤나 영어사전 뒤에 부록으로 나와 있는 소위 '3단 변화표'를 무조건 외워야 했다. 이들 불규칙동사 변화표를 완벽하게 외우는 데는 대게 1주일이 넘게 걸렸고, 그렇게 해서 잘 외웠다 해도 별로 쓸 일이 없기 때문에 이 암기지식은 세월이 흐르면 기억에서 많이 사라졌다. 그래도 어린 시절에 외워두었기 때문에 심한 망각은 일어나지 않는 것이 다행이라면 다행이다.

과거시제와 같은 굴절형태소의 습득이 문제가 되는 것은 실시간으로 말을 할 때나 글을 써야하는 때다. 특히 말을 할 때는 과거시제가 지배하는 문장의 모든 동사 형태들을 과거시제로 바꾸어야 하고 규칙과거와 불규칙과거를 구별하여 차질 없이 과거시제를 적용해야 하는데 이런 절차가 자동적으로 이루어지지 못하고 의식적으로 이루어져야 할 때는 처리 부하(負荷)가 높게 걸려서 전달하는 내용에 충분한 자원을 할당할 수 없게 되어 결과적으로 내용이 빈약해지는 말을 하게 된다.

영어의 규칙과거형이나 불규칙과거형에 대한 선언적 지식은 그것이 수많은 경험과 연습을 통해 자동화됨으로써 절차적 지식으로 바뀌지 않는 한 여전히 영어사용에 문제를 일으킬 수 있다.

실시간 말하기에서의 과거시제 습득은 교실에서의 과거시제 규칙 학습과는 달리 순간적으로 이루어지지 않는다. 시간차를 두고 다음과 같은 발달단계를 거치며 일어난다고 본다.

1단계: I play soccer. (과거 사건을 말하면서 현재시제로 간소화하여 표현)

2단계: I play soccer **yesterday**. (부사에 의존하여 과거시제를 표현)

3단계: I **played** soccer yesterday. (동사에 과거시제 형태소가 나타남)

미국이나 영국의 아이들이 영어를 배울 때는 규칙과거형보다는 불규칙과거형을 먼저 배운다고 한다. 그러나 실제로는 불규칙과거형 동사 모두를 습득하는 것은 아니어서 나중에 과거시제 규칙을 배우게 되면 결국 미처 익히지 못했던 불규칙과거형 동사들에 대해서는 규칙과거형 규칙을 적용하는 소위 '과일반화'(過一般化) 오류를 범하게 되는데 이와 같은 현상은 언어습득 과정에서 한동안 집요하게 일어나는 일로 학자들의 집중적 연구대상이 되어 왔다. 다음의 예에서 보는 바와 같다.

아이: He **taked** my toy!

엄마: No, say "he took my toy."

아이: He **taked** my toy!

(이 대화가 일곱 차례나 반복되었음)

엄마: No, now listen carefully: say "He took my toy."

아이: Oh! He **taked** my toy!

(Saville-Troike, 2006, p. 23 자료에서 변형)

아이는 왜 이렇게 고집을 피우고 있을까? 원래 고집이 센 아이라서 그럴 것이라고 생각할 수도 있지만 문제는 이런 현상들이 모국어를 습득하는 대부분의 아이들에게서 공통적으로 나타난다는 것이다.

아이들이 말을 배울 때는 단순히 어른의 말을 앵무새처럼 모방해서 배우는 것이 아니라 나름대로 '내장된 교수요목'을 가지고 배운다는 것이다. 다시 말하면 정해진 습득 위계에 따라 차례차례 단계적으로 배워나간다는 것이며 이 단계를 거슬러서는 아무리 가르치려고 노력해도 헛수고라는 것이다.

습득 위계가 있다는 이 생각은 외국어로서 영어를 배우는 우리나라 학습자들에게도 적용된다고 보고 있다. 그래서 영어를 가르칠 때 중요한 것은 학생이 어느 습득 단계에 들어와 있는지를 잘 살펴서 거기에 맞게 가르치는 것이 중요하다는 것이다. 예를 들어 관계대명사를 배울 때도 다음과 같은 습득 위계에 따라 배운다고 한다.

형태별 구분	관계절의 종류
주격	The boy who was sick went home.
목적격(직접 목적어)	The story that John read was long.
목적격(간접 목적어)	The man who Mary gave the present to was happy.
목적격(전치사의 목적어)	I found the book that Steve was talking about.

소유격	I know the woman whose uncle is visiting.
비교문 목적격	The person that Martha is taller than is Linda.

이것은 제2언어 영어 학습자들의 데이터를 분석한 결과로 아래쪽의 문장들이 나타나는 데이터에는 위쪽의 문장들도 함께 나타났지만 그 역은 사실이 아니었다. 예를 들면, 비교문 목적격 관계절이 나타난 데이터에는 그 위쪽의 데이터들이 다 나타났지만 위쪽 데이터들이 나타났다고 해서 아래쪽 데이터들이 나타나지는 않았다.

이 연구에서 밝혀진 또 하나의 흥미로운 점은 우리말이나 일본어 혹은 중국어와 같이 관계절이 수식하는 명사의 앞에 오는 상이한 수식 문법을 가진 언어 화자들의 경우 영어가 꽤 능숙해진 단계에서까지 관계절 사용을 회피하는 태도를 보였다고 하는 점이다. 형태가 어려우면 그 형태를 잘 익혀 사용하기보다는 그 형태를 아예 회피해버린다는 것이다.

그러나 과거시제 형태소의 습득은 회피할 수 있는 성질의 것이 아니다. 관계대명사는 다른 대체 표현들이 얼마든지 가능하지만 시제의 경우 그것을 대체할 표현이 없기 때문이다. 그래서 영어학습의 경우에도 기본적이고 단순한 것이 더 중요하고 더 유용하다는 생각을 해볼 수 있다.

과거시제 역시 다음과 같은 방식으로 발달할 수 있고, 이들 사이에도 관계절의 경우와 유사한 습득 위계가 존재하는 듯하다.

- 1단계(단일 과거 사건을 표현): John got up at six o'clock.
- 2단계(일어난 배경사건을 표현): The phone rang while I was having dinner.
- 3단계(과거에 꾸준히 일어났으나 이제는 더 이상 일어나지 않는 사건을 표현): He used to smoke heavily.

• 4단계(과거완료 시제와 결합하여 매우 복잡한 시간 관계를 표현): Bob had been traveling across USA from January to mid March while we were in Korea.

이 4단계 예문에 나타난 복잡한 시간 관계는 다음과 같은 도식으로 이해될 수 있다.

Jan Feb March April May June July Aug Sept Oct Nov Dec

| | |

(첫 번째 막대기는 선(先)과거, 두 번째는 과거, 세 번째는 현재를 각각 표시)

. . . .

(Bob이 지난 1월에서 3월 중순까지 미국을 여행)

XXXXXXXXXXXXXXXXXXXXXXXX

|

(Bob이 미국을 여행하는 동안 6월 현재시점까지 내내 우리는 한국에 있었음)

우리말 화자들의 영어 과거시제 습득도 이와 같이 단순형에서 복잡형으로 습득 위계를 가지고 발달해 가는 것으로 보인다. 영어 과거시제의 용법이 우리말과 판이하게 달라서 어렵다기보다는 과거시제를 적용하는 맥락 자체가 복잡할 때 더 어려움을 느끼는 것 같다. 그러므로 과거시제의 용법을 복잡도에 따라 단계화하여 가르치고 또 연습시킬 필요가 있을 듯하다.

나는 중학교 1학년 때 우연한 계기로 영어에 과거시제가 있다는 것을 처음 알게 되었다. 영어 수업은 1주일에 세 시간 정도 들었던 것으로 기억되는데 그중 한 시간은 미국인 선생님이 우리를 가르쳤다. 우리나라에 평화봉사단으로 오셔서 우리에게 영어를 가르쳐주신 미국인 선생님의 이름은 Mr. Bridgeman이었다. 키가 크고 머리가 노랗고 눈이 파란 전형적인 미국인 선생님이었다.

어느 늦가을 오후 우리가 영어수업을 하는데 갑자기 뒤에 미국인 선생님들 두 분이 들어오셔서 수업을 참관했다. 지금 와서 생각해 보니 브릿지맨 선생님이 전에 없이 긴장한 모습을 보이셨는데 그때 아마 연구수업을 하고 계셨던 모양이다. 평소와는 달리 우리에게 자꾸만 질문을 하셨다. 아마 늘 하던 대로 혼자서만 말을 하면 안 된다고 생각하셨던 모양이다. 그래서 반에서 영어를 제일 잘하던 내가 사명감을 가지고 몇 차례 나서서 대답을 하게 되었다.

처음 몇 문제들은 순탄하게 잘 넘어갔다. 그러다가 마지막에 yesterday라는 말이 들어가는 대답을 하게 되었다. 내가 왜 아직 배우지도 않은 yesterday라는 말을 사용했는지는 기억이 나지 않지만 대답을 하다 보니 그 말을 써야만 할 것 같았다. 나도 나름대로 긴장했던 모양이다. 그래서 평소에 알아 두었던 yesterday라는 낱말을 넣어서 다소 무리하게 만들어낸 문장을 발표하게 되었다. 그랬더니 브릿지맨 선생님이 다소 실망하는 표정을 지으면서 동사 형태를 내가 알지 못하던 형태로 바꾸어 주셨던 기억이 난다. 그 동사가 be동사의 과거형 was였던 것 같은데 확실치는 않다.

어쨌든 그 일 이후로 나는 yesterday가 나오면 동사에 무슨 일이 일어난다는 생각을 하게 되었고, 한 달쯤 후 학기를 마칠 때쯤 드디어 배우게 된 과거시제 문법을 통해서 나는 드디어 연구수업에서 내가 왜 잘못 말했는지를 알 수 있게 되었다.

이것이 과거시제에 대한 나의 학습 내력이다. 그러나 그 후로는 과거시제에 대해 까맣게 잊고 지냈다. 과거라는 시제가 별 문제를 일으키지 않았기 때문이다. 하지만 최근 들어 영어 말하기를 하면서 현재를 배경으로 과거에 일어난 얘기를 하다가 다시 현재로 돌아오곤 하는 상황에서 과거시제 형태 표시가 쉽게 일어나지 않는 것을 경험했다. 그러면서 내가 지금껏 알고 있던 과거시제 지식이 아직도 충분히 자동화되지 않았구나 하는 느낌을 받았다. 기본 문법은 이렇게 끝까지 문제가 된다. 그러므로 영어는 애초에 기본을 잘 배우는 것이 너무나도 중요하다.

13. 펜팔을 통한 영어습득과 우정 나누기

1990년대 미국의 클린턴 행정부 시절 알 고어 부통령의 의욕적인 이니셔티브로 정보고속도로가 닦인 이래로 세계는 급속히 정보화되었고, 특히 인터넷 혁명이 일어나 인터넷 없이는 이제 누구도 살아가기 힘든 세상이 되었다.

이런 정보화 시대에 가장 발 빠르게 대처한 나라는 우리나라일 것이다. 높은 개인 PC보급률과 초고속 인터넷망은 세계 어느 나라와 비교해도 뒤지지 않을 정도가 되었다. 우리는 자랑스러운 IT강국이 되었다. 이제 여기서 한 가지 더 욕심을 낸다면 멀티미디어 환경을 잘 구축하여 이것을 영어교육과 영어학습에 이용하는 일일 것이다.

멀티미디어는 컴퓨터 기반 텍스트와 그래픽, 애니메이션, 사운드, 비디오, 음악을 통합한 소프트웨어와 이를 구동시킬 수 있는 하드웨어를 통틀어 지칭하는 말이다. 이것을 영어교육의 커리큘럼에 통합하려는 시도는 이미 오래전부터 있어 왔고 상당 부분 실현되고 있다.

환상적인 시디롬 타이틀 콘텐츠들이 개발되었고 수많은 '참 자료'들을 인터넷상에서 내려받을 수도 있어 이를테면 애니메이션화된 'e-book 학습'이나 '문법 사파리'(grammar safari) 사냥 활동 등을 통해 학생들 편이나 교사 편에서 한층 동기가 부여된 창의적인 영어학습을 도모할 수 있게 되었다. 예전보다 훨씬 더 재미있는 영어공부가 가능해졌다.

재미는 영어학습을 끌고 가는 견인차다. 재미가 있으면 학습자들은 영어공부를 포기하지 않는다. 하지만 지속적인 재미를 이끌어내는 일은 지극히 어려운 일이다. 많은 현장 교사들의 고백에 의하면 멀티미디어 역시 지속적인 재미를 이끌어내지는 못하는 것 같다. 아무리 멋진 사운드나 그래픽 혹은 애니메이션이라 하더라도 매일같이 쓰다보면 긴장감을 불러일으킬 수 없고 결과적으로 재미는 사라진다.

그렇게 되면 아이들은 다시 수동적인 학습자들이 되어 진정한 동기 없이 억지로 수업을 받게 되고, 소망하던 '빠르고 재미있는' 영어습득은 물거품이 되고 만다.

이런 아이들에게 지속적인 재미를 불러일으켜 주고 의욕적이며 능동적인, 자기주도적 학습자가 되게 해줄 수 있는 좋은 방법이 있다. 바로 이메일을 통해 펜팔을 사귀게 하는 방법이다.

펜팔이 좋은 점은 시간적 여유를 가지고 교류할 수 있고, 철저히 영어만을 사용하면서 상대방 문화 체험도 할 수 있으며, 잘되면 아이들의 인격 형성에도 도움이 되는 국세적인 우성으로 발전할 수도 있다는 점이다.

물론 요즘은 컴퓨터 기술이 발달하여 실시간으로 화상 채팅을 할 수 있는 스트리밍 비디오 채트 기능도 있다. 이것으로 영화도 볼 수 있고 위성TV 채널들도 시청할 수 있다. 하지만 이것은 50달러 정도의 설치비를 카드로 결제해야 하고 영화나 TV 프로그램들에 대해 별도로 비용을 물어야 하는 등 부담이 적지 않을 뿐만 아니라 실시간 채팅이 이루어지면 영어가 딸리는 우리나라 학습자들의 경우 상대방을 따라가기가 벅차 지속적인 접촉을 유지하기가 어렵게 된다. 이러한 스트리밍 비디오 기능은 비교적 높은 수준에 도달한 학습자들이 자신의 성격이나 취향을 고려하여 선별적으로 이용하는 것이 좋을 듯하다.

이메일로 펜팔을 하는 것은 대부분 무료이며 예컨대 www.friendsland.net이라는 웹사이트에 들어가면 그날 들어와 있는 펜팔 신청자들의 편지들이 미국, 영국, 폴란드, 독일, 핀란드, 알제리, 케냐, 인도, 러시아, 일본, 중국 등 세계 각국에서 올라와 있는 것을 확인할 수 있다. 다음은 발칸반도의 마케도니아에서 올린 한 여학생의 펜팔 신청 편지 내용이다.

Name: Ivana Stojanovska
I wanna meet people from all over the world!! please write me!!
Place: Skopje/ Macedonia
Job: Student
E-mail: ivana_st22@yahoo.com
Birthday: 8 June 1991

누구라도 이 여학생과 이메일 친구가 되기를 원한다면 이메일 주소를 클릭하여 자신을 소개하는 편지를 쓸 수 있을 것이다.

언젠가 학회에 참석했을 때 전북 군산의 한 여상에서는 미국 학교와 자매결연을 맺어 단체 펜팔을 하며 우정을 나누고, 교사는 미국 학교에 초청을 받아 가서 현지 학생들을 가르치기도 했다는 발표를 들었다.

오히려 미국 학교 쪽에서 더 적극적으로 우리와 교류하기를 바랐다고 하는데 거기도 공교육의 학생 수준이 낮아 동기부여가 잘 되지 않아 고민하고 있었기 때문이라고 하며 한국 학생들과의 교류를 통해 지역사회에 한국문화 알기 붐이 일어나는 일로까지 발전했다고 하니 잘만 기획한다면 이런 이니셔티브가 우리나라 영어교육에 한 돌파구가 될 수도 있겠다는 생각을 했다.

나는 80년대 중반 미국유학에서 돌아온 후 유학시절 사귄 외국인 친구들과 편지를 주고받았다. 그중에는 같이 수업을 들었던 대만 여학생 Liza와 일본 남학생 Tomomi가 있었고, 기숙사의 옆방에 살았던 John이라는 미국 학생이 있었다. 서로가 바빴기 때문에 편지는 일 년에 한두 번씩 오갔고 그나마도 세월이 흘러 자연스럽게 끊어지게 되었다. 이메일이 없던 시절이었다.

그 후에도 계속 우정의 폭을 넓혀 Elon Cohen, Jerry Maas, Steven Carpenter 등의 미국인 친구들을 사귀며 이들과 편지를 주고받았다. 그러나 역시 오래가지는 못했다. 우체국에 가서 편지를 부쳐야 하는 번거로움과 뜸하게 오가는 편지왕래가 발목을 잡았기 때문이다.

그러나 내가 펜팔을 처음 한 것은 고등학교 시절로 거슬러 올라간다.

나는 70년대 초 지방의 한 농촌에서 학교를 다녔다. 그 시절 우리 동네는 새마을 운동을 열심히 해서 지붕은 슬레이트로 개량했지만 중3 때까지 전기가 들어오지 않아 밤이면 석유램프로 불을 밝혀야 했다. 저녁마다 시커멓게 그을은 '호야'를 닦던 생각이 난다. 그런 열악한 환경에서 변변한 영어학습 도구가 있을 리 만무했다. 그럼에도 불구하고 영어를 잘하고 싶은 나의 열망은 대단했다. 그래서 중3 때부터 영어로 된 책을 읽기 시작했고, 고1 때는 쉬운 영어로 쓰인 마크 트웨인의 『톰소여의 모험』과 같은 책을 혼자 독파하면서 영어를 공부했다.

아직도 그 책에 씌어 있던 문장들이 떠오른다. '"Tom! Tom!" Aunt Polly cried out loud. No answer. Tom was not home.' 등등.

짧은 영어실력으로 유일한 영어학습 도구인 영어책을 혼자서 읽어 나갔다. 그러던 어느 날 『영어세계』라는 잡지가 학교에 나돌다가 나에게까지 왔다. 서울에서 발간되던 그 잡지에는 '해외펜팔' 광고가 실려 있었다. 그 광고를 읽고 난 후 결심이 섰다. '그래 나도 미국 학생과 펜팔 한 번 해보자!'

미국펜팔을 소개받는 데는 소개비가 있었다. 우체국에 가서 500원짜리 소액환을 사서 여러 항목을 기재한 신청서에 동봉하여 광고주에게 보내야 했다. 어머니에게 500원을 달라고 하여 난생 처음으로 시내 우체국이란 곳을 찾아가 소액환을 샀다. 그렇게 해서 편지를 부치고 기다리는데 소식이 오질 않았다. '돈만 떼이고 말았구나' 하는 생각이 들면서 기다리다 지쳐갈 무렵 학교에서 돌아와 보니 우리 동네에 난리가 나 있었다.

우리 집에 미국에서 영어로 된 편지가 왔다는 것이었다. 우체부도, 마을사람들도 다들 신기해하는 일이었다. 나는 내 방으로 가서 설레는 마음으로 편지를 뜯어보았다. 편지에는 내 또래 미국 여학생이 자신과 가족을 소개하는 내용과 함께 컬러사진 4장이 들어 있었다. 미국종이와 미국볼펜 글씨, 컬러사진(당시 우리나라엔 흑백사진만 있었음)은 내게 충격과 경탄으로 다가왔고, 편지 내용 중 우리는 앞으로 '평생의 친구'(lifelong friends)가 되자는 말이 내 가슴을 파고들었다.

문구점에 가서 가장 환상적인 편지지와 환상적인 파이롯트 잉크를 사다가 펜글씨로 정성스럽게 편지를 써서 우체국에 가져가 미국으로 부쳤다. 항공우편과 선편우편이 있었는데 항공우편은 비싸서 선편으로 부쳤다. 그러니 한 번씩 편지가 왔다갔다 하는 데 두 달 이상이 걸렸다. 편지지는 당시 연인들끼리 편지를 쓸 때 사용하는 꽃바구니 소녀 그림이 인쇄되어 있는 편지지였다. 잉크색깔은 초록색이었다. 그리고 영문편지쓰기 책자를 보고 영작한 편지 내용은 당시 내 생각에도 정말 유치하기 이를 데 없는 내용이었다.

첫 편지를 부치기 전에 한 일이 하나 더 있었다. 그건 바로 사진관에 가서 사진을 찍는 일이었다. 학교 앞 사진관에 가서 사진을 찍는데 변변한 사복 한 벌이 없어서 교복을 입고 사진을 찍었다. 모두들 교모를 벗고 찍는다고 사진관 아저씨가 귀띔해 주는 바람에 나도 교모를 벗고 찍었다. 당시 우리는 머리를 2부로 깎고 학교를 다녔는데 그날따라 이발한 지 얼마 안 되어서 내 머리는 거의 까까중 머리였다. 3일쯤 후에 사진이 나와서 보니 마치 어린 일본군 졸병 같은 모습이었다.

물론 컬러도 아니었다. 창피하다는 생각도 했지만 그래도 용기를 내어 이 사진 몇 장을 동봉해서 미국에 보냈다. 두 달 후에 답장이 왔는데 보니 내 사진이 너무도 감동적이었다는 내용이 들어 있었다. 아직도 그 문장을 기억한다. "I was thrilled at your photo. I'll treasure it in my album." 첫 문장의 'was thrilled'란 말은 쉽게 이해할 수 있었다. 그러나 'treasure'라는 말이 '보물'이란 말인 줄만 알았지, 동사로 쓰이는 줄은 몰랐다. 그래서 둘째 문장은 한참 만에야 무슨 말인지 이해할 수 있었다.

아마도 내 사진이 상대방에게는 특이한 분위기를 느끼게 해주었던 것 같다. 이를테면 후신국 아이들의 흑백사진이 감동을 주듯이 말이다. 어쨌든 그렇게 시작되었던 우리의 펜팔은 고3 때까지 계속되다가 결국 끊어지고 만다. 이유는 단순했다. 수잔 스나이더(Susan Snyder)라고 하는 이 Ohio주 Columbus 출신의 여학생이 고등학교를 졸업하면서 자기 고등학교 애인(highschool sweetheart)과 약혼을 한다는 편지를 보내왔기 때문이었다. 애인을 빼앗긴 듯한 기분도 들었고, 축하 선물로 뭘 보낼까, 포장은 어떻게 해야 할까 고민하다가 그만 시기를 놓쳤고, 고3이라 바쁘기도 해서 결국 우리의 펜팔은 거기서 막을 내렸다.

지금 생각하면 너무도 아쉬운 일이다. 정말 수잔의 말대로 우리가 '평생의 친구'가 되었더라면 참 좋았을 텐데. 미국에 갔을 때 만나볼 수도 있었을 것이고, 지금까지 서로 좋은 친구가 될 수 있었을 텐데. 아쉬움이 크다. 하지만 이 펜팔 활동은 제한된 환경 속에서 영어를 잘하기 위해 끊임없이 도전했던 내 학창시절의 소중한 추억으로 남아 있다.

14. 넘어야 할 장애물: 모국어적 한계

조지 오웰(George Orwell)의 소설 『1984년』에 나오는 세계제국 오세아니아에서는 뉴스피크(Newspeak)라는 새로운 언어를 사용한다. 새 언어의 목적은 언어를 재구성해서 사상범죄를 근절시키려는 것이다. '빅 브라더'와 당에 대한 충성을 보장하기 위해 불온한 용어들을 모두 사장시켜 버린다. 오웰은 언어가 인간을 세뇌시킬 수 있는 도구라고 보았다.

피터 고든(Peter Gordon)은 브라질 피라하의 수렵채집 부족의 언어인 '하나 둘 여럿' 언어(one-two-many language)를 대상으로 흥미로운 실험을 했다. 이 언어의 수를 표시하는 말은 '하나'와 '둘'밖에 없고 그 이상은 모두 '여럿'으로 표현한다. 실험해 보니 이 부족 사람들은 셋 이상의 수를 비교해서 인식하지 못했다. 이들의 실질적 산수 능력은 영유아의 수준에 불과했다. 물론 다른 요인들이 작용했을 것이라는 비판도 있지만 이들 부족의 언어의 한계가 수 인식의 한계에 영향을 미친 것은 분명하다고 할 것이다.

비트겐슈타인도 "내 언어의 한계는 내 세계의 한계를 의미한다"고 말한 적이 있다.

언어가 사고를 결정한다는 생각은 사피어(Sapir)와 워프(Whorf)의 가설에 토대를 두고 있다. 즉, 관습적으로 사용하는 언어의 문법

구조나 어휘항목에 기초하여 우리가 세계를 인식한다는 주장이다.

예를 들어, 무지개는 하나의 연속된 스펙트럼이다. 각 언어화자들은 자신들의 언어에 나타나는 일차원색 혹은 이차원색의 색깔 용어에 따라 무지개의 스펙트럼을 지각한다. 우리에게 무지개는 오색영롱한 무지개지만, 영어의 무지개 색깔은 일곱 개다. 아프리카의 몇몇 원주민들의 말에는 어두운 색과 밝은 색밖에 없다고 한다. 이들의 눈에는 무지개가 단지 두 가지 색깔로만 보일 것이다.

우리말에는 벼와 쌀과 밥이 각기 다른 말이지만 영어로는 모두 rice다. 우리에게 아침밥과 점심, 저녁밥은 모두 같은 식단이지만 영어의 breakfast와 lunch, supper는 모두 다른 식단이다. 특히 간밤의 공복을 깬다는 의미의 breakfast는 다른 끼니와는 전혀 다른 내용의 식사라고 인식한다.

우리는 빵을 씹으면서 도중에 우유를 마시지만 영미인들은 빵을 다 먹고 나서야 우유를 마신다. 빵과 우유가 입 안에서 섞여서는 안 된다고 생각한다. 우리는 할머니의 짐을 무조건 들어 드려야 한다고 생각하지만 영미인들은 일단 물어보아야 한다고 생각한다. 그래서 그런 말들이 발달되어 있다. 이러한 차이점을 극복하려면 우리나라 영어화자들은 이런 표현들을 더 열심히 배워야 하고, 더 열심히 사용하기 위해 노력해야 한다. 그렇지 않으면 우리의 영어와 원어민의 영어 사이에는 격차가 생길 것이다.

대화는 언어생활의 중요한 부분이다. 영미인들은 모든 대화가 차례를 주고받으며 이루어진다고 생각하지만 우리에게는 누가 누구와 대화하느냐에 따라서 다르다. 예컨대 지체 높은 사람이 지체 낮은 사람과 대화하는 경우라면 공평하게 차례를 나눠 가지려 하는 것은 실례가 된다. 그래서 흔히 시어머니가 며느리를 나무랄 때 '꼬박꼬박 말대꾸하는 버릇은 어디서 배웠느냐'고 추궁한다. 물론 영어에는 이런 표현이 없다.

그러나 영어 말하기를 배우면서 우리는 도전적인 며느리가 되어야 한다. 시어머니에게 '꼬박꼬박 말대꾸하는' 건방진 며느리가 되어야 한다. 영어로 대화하는 한, 지나치게 대화 상대방의 체면을 생각해 주는 일보다는 대화 상대자와의 성실한 정보 공유나 명확한 전달에 초점을 맞추는 것이 더 중요하기 때문이다.

영어 말하기를 잘하는 사람들을 보면 이런 점에서 확실하게 주도권을 쥐고 있다. 이들은 무엇이 우선이고, 또 어떻게 행동하는 것이 영어식 예절인지를 직감적으로 파악하고 그것을 실천에 옮긴다. 물론 이런 '말하기의 법칙'은 교실이나 책에서 배우지 않는다. 명문화되어 있지 않기 때문이다. 현장 경험을 통해서, 적잖은 시행착오를 통해서, 상대방의 행동을 주의 깊게 관찰함으로써 배운다.

우리에게 영어로 말하기가 어려운 것은 영어라는 언어의 내적 요구(internal demand)가 우리말의 경우와 다르기 때문이다. 영어에 깃들어 있는 독특한 문법 구조와 문법 위계는 내면에 잠복해 있는 여러 가지 문화적 연상들과 연계되어 영어의 독특한 논리를 구성하고 정서적 내용들과 열망들을 함축하게 되는데 이런 숨어 있는 문화적 논리들을 찾아내는 데 실패하면 제대로 된 의사소통을 장담할 수 없게 된다.

경호는 한국에서 고등학교 2학년 1학기를 마치고 캐나다 토론토 근교의 한적한 시골로 부모를 따라 이민을 왔다. 학교에 가서 영어 수업을 듣는 것도 힘들었지만 무엇보다도 낯선 외국 땅에서 낯선 사람들을 만나고, 낯선 기후와 풍토 속에서 생활해야 하는 것이 힘들었다.

토론토 지역은 내륙이라서 그런 건지 아니면 오대호의 영향으로 그런 건지는 모르지만 한여름에도 밤이면 추워서 이불을 덮고 자야만 했다. 겨울을 나는 데 내복은 필수였다. 하지만 공기는 깨끗했고 자연환경은 잘 보전되어 있었다. 특히 그가 사는 동네는 골프 코스가 있고 호수가 있고 계곡이 있어서 골프와 낚시를 취미로 배울 수 있어서 좋았다.

시간이 흘러갈수록 잘 적응해 가는 자신의 모습을 보면서 경호는 지역의 명문이라고 하는 University of Toronto에 들어가 공부하겠다는 포부와 자신감도 생기게 되었다. 이러한 자신감의 배경에는 한국에 있을 때 학교 공부를 열심히 했었다는 자부심이 한 몫 했다. 특히 영어 공부를 열심히 해두었던 것이 학교생활에 빠르게 적응하고 자신감을 갖는 데 큰 도움이 되었다. 하지만 아직도 첫 파티에 갔던 충격을 잊지 못한다.

지난 가을 주말에 캐나다 친구의 집에서 베저터블 파티(vegetable party)가 있는데 참석하겠느냐는 제안을 받았다. 처음에는 채소를 먹는 파티인 줄 알았지만 나중에 눈치를 보니 복장을 채소 모양으로 하여 참석하는 일종의 의상 파티(costume party)였다. 그가 살고 있는 에토비코우 크릭(Etobicoke Creek) 같은 촌구석에 무슨 변변한 채소 복장이 있을까 생각하며 그는 대수롭지 않게 오렌지색 계통의 티셔츠를 하나 구해서 입고 갔다. 무슨 복장이냐고 물어오면 당근 복장이라고 둘러댈 생각이었다.

그러나 가서 보니 다른 애들은 모두 기가 찰 복장을 하고 나온 것을 보았다. 보라색 옷을 다 꺼내어 가지로 변장한 애도 있었고, 구운 감자 컨셉을 이용하여 온몸을 은색 랩으로 감싸고 온 친구도 있었다. 그 밖에도 호박에 구멍을 뚫어 뒤집어쓰고 온 애 등등, 누구 하나도 같은 복장을 하고 온 애들이 없었고, 자신처럼 애매한 복장으로 온 애들도 없었다. 모두들 분명한 컨셉이 있었다.

그날 경호는 깨달았다. 미국이나 캐나다 애들은 파티 문화를 통해 아주 자연스럽게 창의적인 사람들이 되는구나. 이들은 다른 사람들을 단순히 잘생긴 외모나 학벌로만 재단하는 것이 아니라 개성과 창의성으로 가치를 부여하고 존중하려 드는구나. 그러면서 경호는 내가 과연 어떻게 해야 이들과 어울릴 수 있고 또 경쟁할 수 있을까를 고민해야 했다.

15. 암기문화와 영어 배우기

지금까지 가장 감명 깊게 본 영화 중 하나에 "옌틀"(Yentl)이 있다. 1983년 개봉된 이 영화는 한 유태인 여성이 탈무드 교사였던 아버지의 뒤를 이어 공부를 하기 위해 남성으로 변장해서 탈무드 학교 예시바에 들어가게 되면서 벌어지는 이야기다.

바브라 스트라이샌드가 주연뿐 아니라 제작, 감독, 공동 각본까지 맡은 이 영화는 원래 가수였던 바브라 스트라이샌드가 옌틀 역을 하면서 노래도 부르는데 그중 아버지를 추억하며 부르는 노래 "Papa, can you hear me?"는 영화음악 중 아마 역대 최고라 해도 과언이 아닐 정도로 감동적이다.

영화의 줄거리를 소개하자면 이렇다.

> 옛 폴란드의 시골 마을 아시케나직 시테틀에 살고 있는 옌틀 멘델은 선머슴같이 활달한 여자 아이이다. 부인을 일찍 잃은 홀아버지 레베 멘델은 지역 아이들에게 탈무드와 율법을 가르치며 살고 있는 유태인 학자다. 그는 외동딸 옌틀에게 남몰래 탈무드를 가르친다. 이렇게 은밀하게 가르치는 까닭은 당시 율법상 여자애들에게는 탈무드를 가르칠 수 없었기 때문이다. 아버지가 죽고 천애고아가 된 옌틀은 머리를 자르고 남장을 한 채 마을을 떠난다.

엔틀은 안쉘이란 남자 행세를 하면서 탈무드를 가르치는 유태인들의 수도원 예시바에 들어간다. 영화에 나오는 예시바는 오늘날의 대학과 같은 곳이었다. 인상적인 장면은 입학을 희망하는 학생들이 입학시험을 치르는 장면이었는데, 학생들은 모두 수도원장의 방에 들어가 구두논술 시험을 치른다.

질문은 "우주는 어떻게 생성되었으며 이것이 우리에게 의미하는 바는 무엇이라 생각하는가?"와 같은 고답적이고 철학적인 질문이다. 이런 질문에 대해 수험생들은 합리적이고 논리적인 답변을 해야 하고, 답변마다 이어지는 수도원장의 날카로운 질문공세에 대응해야 한다. 안쉘도 이와 같은 방식으로 시험을 치르면서 실력을 입증하고서야 입학을 허락받는다.

안쉘은 자신과 일이등을 다투는 아비그돌이라는 남학생과 친구가 된다. 아비그돌은 하다스와 약혼한 사이인데 하다스에게 자신의 친구 안쉘을 소개하자 하다스는 아비그돌보다 안쉘을 더 좋아하게 된다. 결국 안쉘은 아비그돌에게 자신의 비밀을 털어놓게 되고 둘은 한동안 사랑에 빠진다. 하지만 결국 아비그돌은 하다스와 결혼하게 되고 안쉘 즉 엔틀은 마음껏 공부를 하기 위해 미국으로 떠난다는 것이 이 영화의 결말이다.

영화에서와 같이 지금도 유럽의 여러 곳에서는 중요한 시험이 모두 토론식 구두논술로 치러진다. 이태리의 고등학교 졸업시험 역시 강당과 같은 큰 홀에 한 명씩 학생이 들어와 열 명 남짓한 선생님들로부터 질문을 받고 그 질문에 효과적으로 답변하는 과정을 통해 졸업시험의 통과 여부가 결정된다고 한다.

이와 같은 입학시험 체제나 평가 체제에서는 주입식 암기교육이 들어설 자리가 없다. 많은 양의 독서와 사색과 이를 기반으로 한 교사나 동료들과의 토론 또는 의사소통만이 이런 시험에서 효력을 발휘할 수 있다. 그래서 그런지 미국의 교실에서도 학생들은 자주 발표의 기회를 가졌고, 선생님에게 물어볼 기회를 얻기 위해 한참 동안 손을 올리고 있는 학생들의 모습도 자주 볼 수 있었다.

우리나라 교육의 원형은 어떤 것일까?

가장 원형적인 모습은 아마도 서당에서 머리를 조아리며 하늘천 따지 가물현 누루황을 제창(齊唱)하는 공부법이 아닐까 한다. 또 다른 단서에 독서백편(讀書百篇) 의자현(義自見)이라는 말이 있다. 주요 텍스트를 반복해서 읽으면 그것으로 자연스럽게 의미를 깨닫게 되니 다른 방법이 별로 필요 없다는 뜻이다.

암기와 반복—이 두 가지가 우리에게 가장 친숙하고 자연스러운 학습의 방법이다. 다행스러운 것은 외국어 학습에서는 사실 이런 암기와 반복의 방법이 필요하고 또 요긴하다는 점일 것이다. 그래서 여러 가지 다양한 학습법들이 개발되어 나온 오늘날까지도 영어를 배우는 데 있어서는 여전히 이 방법이 다른 어떤 방법들보다도 선호되고 또 응용되고 있는 것 같다.

외워야 할 내용들로 가득 차 있는 외국어 학습에서 암기와 반복 학습법 자체에 문제가 있는 것은 아니다. 하지만 다양한 특성을 가진 다른 학습법들을 도외시한 채 오직 암기와 반복만을 유일한 학습법으로 채택한다면 이 학습법은 언어학습으로서는 사실 치명적인 약점들을 갖게 된다.

첫째, 시간이 많이 걸린다. 옛날처럼 공부해야 할 텍스트의 양이 적었을 경우에는 큰 부담 없이 암송이나 반복 숙달로 쉽게 학습목표에 도달할 수 있었다. 그러나 이제는 공부해야 할 텍스트의 양이 수백여 페이지 정도의 소량이 아니다. 영어읽기만 해도 엄청난 분량의 텍스트를 소화해야 하는데 이런 다량의 텍스트를 암송과 반복 읽기 방법만으로 정복할 수 없다.

둘째, 오랫동안 기억할 수 있는 효과적인 학습이 일어나기 위해서는 의미 있는 학습이 이루어져야 하고 의미 있는 학습이 이루어지려면 기존의 지식과 연관된 학습이 이루어져야 하는데 단순 암기나 반복 숙달만으로는 이런 목적을 달성하기 어렵다.

셋째, 암기를 목적으로 하는 단순 반복 학습은 장기간 흥미를 유지하기 어렵다. 영어학습은 지속적인 욕구 없이는 유지되기 힘들다. 대부분의 영어학습자들이 결국 손을 놓게 되는 것도 더 이상 욕구를 지탱하기 어려워서라고 할 수 있다. 자신에게 직접 관련되지 않은 내용들에 대해서는 장기간 학습동기를 부여받기 어렵다. 그러므로 암기나 반복 숙달의 영어공부는 오래가지 못하고 어정쩡한 단계에서 중도하차가 일어나기 일쑤다.

마지막으로 암기식 영어학습은 학습한 지식을 구체적 상황에 적용하고자 할 때 적용을 잘할 수 없다는 단점이 있다. 암기한 영어지식은 대부분 문법지식이나 어휘지식인데 이 지식들은 선언적 지식들로 절차적 지식과는 거리가 멀기 때문에 자동적인 회수나 처리가 일어나지 않는다. 결국 실컷 공부하고도 실제 상황에 적용할 수 있는 기술들은 따로 습득해야 하는 번거로움이 크다.

단순한 지식이나 교양으로서의 영어공부가 아니라 하나의 언어로서 의미를 만들어내는, 의사소통을 하기 위한 목적의 영어공부라면 옛날 천자문이나 사서삼경을 공부하듯이 공부해서는 안 된다. 한문은 의미는 살아 있지만 소리는 사라진 죽은 언어로서 우리가 배웠다. 하지만 영어는 소리와 의미가 함께 살아 있는 산 언어로서 배운다는 점이 간과할 수 없는 큰 차이다.

두 가지 특성만 생각해도 암기식 영어공부의 모순과 한계를 이해할 수 있다. 첫째, 모국어를 배울 때 아이들은 암기하지 않는다. 세상물정을 알아가면서 자연스럽게 언어를 익힌다. 둘째, 사회적 구성주의자들은 언어가 뇌와 환경 그 중간 어디쯤에 존재한다고 믿는다. 암기식 영어공부는 언어가 뇌에만 들어 있다고 믿는 우를 범하고 있다.

민식이는 초등학교 4학년이다. 사교육 열풍이 가장 세다는 서울 강남구 대치동의 학원에 다니고 있다. 민식이가 다니는 학원에서는 어려운 미국 교재를 가지고 말하고 듣고 읽고 쓰는 공부를 한다. 이미 초등 3학년 때부터 영어논술 훈련을 받아 왔다. 하루에 50개씩 100개씩 반드시 외워야 할 단어들도 있다. 만일 외우지 못하면 집에 가지 못하는 방식으로 철저한 스파르타식 교육을 받는다.

민식이의 학원에서는 이미 부분 몰입교육을 하고 있다. 원어민 선생님이나 원어민 못지않은 실력을 갖춘 한국인 선생님이 물리, 화학, 생물 등 다양한 과목의 미국 교재를 다루어 준다. 고등학교에 다니는 형이나 누나들도 어렵다고 하는 교재들이다. 민식이는 이 교재에 딸린 문제들을 푸느라 일주일 내내 쩔쩔맨다. 어떨 때는 10문제 중 겨우 한 개를 맞힐 때도 있다. 영어만 생각하면 두려움이 앞선다.

개인차를 무시한 채 지나치게 수준을 높게 잡고 마치 전시할 목적인 양 상위 수준 몇몇 학생들에게만 초점을 맞춰 진행하는 이 몰입교육은 수준별이나 단계별로 이루어지지도 않는다. 성급하게 성과를 내려다 보니 민식이와 같은 초등학생에게는 분명 무리가 따르는 몰입교육이다. 그래도 민식이 엄마는 이 학원을 떠날 수가 없다고 생각한다. 다른 모든 학생들이 저렇게들 열심히 하고 있는데 내 아들만 그만두게 할 수는 없다고 생각한다.

민식이는 이에 앞서 다른 학원을 다녔다. 그 학원에서는 오로지 영어를 듣고 딕테이션하는 훈련만 시킨다. 수업은 비디오를 시청하며 딕테이션을 하는 형태로 진행된다. 첫 3개월 동안은 그런대로 다녔다. 정답 체크가 없기 때문에 부담이 없었다. 듣고 이해한 내용을 적어 내기만 하면 되었다. 제출하는 결과물에 대해서 교정이나 설명 같은 것도 없었다. 그냥 듣고 적기만 했다.

나중에는 듣는 내용을 이해할 수 없다는 것이 답답하게 느껴졌다. 비디오의 내용은 재미있었지만 자신의 실력에 비해 내용이 너무 어려웠다. 그래서 결국 포기하고 말았다. 끝까지 다니는 애들도 있었다. 그 애들은 이미 미국 등지에서 2-3년씩 조기영어교육을 받고 돌아온 아이들이었다.

민식이가 학원에서 하는 공부를 따라가도록 하기 위해 민식이 엄마는 과외선생님을 구할까 생각도 해보았다. 하지만 학원 측은 다른 방법은 절대 쓰지 못하게 한다. 1년 3개월만 자기네들 식대로 하면 프리토킹이 완전히 가능한 영어실력자가 될 수 있다고 장담하면서. 만약 다른 방법을 써서 아이에게 혼란을 가져온다면 모든 책임을 학부모에게 떠넘기겠다고 으름장을 놓는다.

민식이가 해온 영어공부는 형태는 달라졌을지 모르지만 "하늘천 따지 가물현 누루황" 하는 신서당식 암기 공부이며 독서백편 의자현을 믿는 무조건식 반복 학습이다. 이러한 학습방법들이 전혀 무의미한 것은 아니겠지만 여기에는 아이의 개성을 생각하고, 아이가 진정으로 원하는 것이 무엇인가를 찾으려 하는 인성교육의 개념이 빠져 있고, 언어가 주위 환경과 상호작용하는 살아 있는 생물이라고 하는 균형 잡힌 언어관이 빠져 있다.

16. 행동주의 학습모형에 의한 영어 배우기

행동주의 학습모형은 행동주의 심리학에 기초해 있다. 행동주의란 심리학의 대상을 의식에 두지 않고 사람이나 동물의 객관적 행동에 두는 입장이다. 이것은 실존 세계에 존재하는 경험적 자료만을 증거로 취하겠다는 논리실증주의에 뿌리를 두고 있고, 동물행동학으로부터도 영향을 받았다.

행동주의의 관점에서 보면 모든 학습은 자극-반응 연결체의 배열로 이루어진다. 언어습득과 같은 복잡한 행동들 역시 일련의 반응이나 반응 연쇄들을 구성함으로써 이루어진다고 본다.

자극에 의해 수동적으로 조건이 부여되는 초기 행동주의를 수정한 B. F. 스키너(Skinner)는 학습을 자극과 반응의 연합체로 인식하면서 강화와 벌의 중요성을 강조했다. 그는 완벽하게 설계된 단계적 강화 프로그램만 있으면 어떤 과목이든 최대의 효과를 내며 가르칠 수 있다고 믿었다.

또한 언어를 음성행동(verbal behavior)으로 인식하면서 언어습득을 일종의 습관형성이라고 보았다. 습관형성에 가장 좋은 방법은 반복된 자극의 제공이라고 보았고, 외국어 학습의 경우 주요 패턴에 대해 과잉학습(overlearning)이 일어나야 한다고 보았다.

이러한 언어관과 언어습득관에 바탕을 두고 2차대전 당시 미 육군에서 어학요원을 긴급히 길러내기 위하여 개발한 교수법이 오디오링구얼 메소드(Audiolingual Method) 혹은 청화식 교수법이다. 이 교수법은 2차대전이 끝난 후 1950－60년대 미국의 외국어 교육계를 제패하게 되었고, 20년 후쯤 우리나라에 들어온 이 교수법을 시행하기 위해 우리나라에서도 한때 학교들마다 부지런히 어학실습실(language lab)을 만들었다.

청화식 교수법을 비롯한 행동주의의 교수법은 무엇을 가르칠 것인가에 대해 교사가 명확한 목표를 제시하고, 복잡한 과업들을 작은 단계들로 나누어 연계시켜 가르치며, 즉각적인 강화를 동반하는 개별화된 학습 프로그램으로 100%의 성공을 목표로 교육한다.

외국어 교육의 경우 반복적인 문형연습과 주요 대화의 암기, 학급 전체의 따라 읽기 등이 주요 방법으로 사용되었기 때문에 청화식 교수법은 문법번역식 교수법과 함께 전통적 방법으로 분류된다. 그러나 한편 생각해 보면 전통적 교육 방법들과 본질적으로 큰 차이가 없는 교수법이기 때문에 우리나라 교실에 적용하는 데 있어서 거의 이렇다 할 부작용이 없었다는 장점이 있다.

하지만 간과할 수 없는 단점들이 있다.

첫째, 학습자들이 수동적인 태도를 취할 수밖에 없다는 점이다. 학습자들이 적극적으로 책략을 사용한다거나 의미교섭을 벌인다거나 토론의 주도권을 행사한다거나 하는 일이 거의 없다.

둘째, 인지과정이나 학습과정에 대한 고려, 즉 언어를 어떻게 배우는지 등 더 나은 학습법에 대한 고려 없이 반복 과잉학습에 의한 습관형성이라고 하는 한 가지 방법에만 올인하는 우를 범한다.

셋째, 언어습득에서는 문형뿐만 아니라 표현의 의미도 중요하고, 이런 의미를 파악하고, 교섭하고, 적용하기 위해서 언어사용자들 간의 상호작용이 필요한데 이러한 언어습득의 중요한 측면이 등한히 여겨졌다.

넷째, 지속적인 동기부여가 어려웠다. 반복 과잉학습은 어린이들이나 청소년들에겐 지루하고 따분한 일이었다. 장기적으로 계속해야만 한다면 엄청난 동기부여나 강화가 필요한데 외국어 학습이 어렵고 힘든 것에 비해서 현실적으로 이를 극복할 수 있는 동기부여나 강화를 해주는 일이 쉽지 않았다.

끝으로, 행동주의적 교수법은 교육보다는 조작이나 세뇌에 가깝다는 윤리적 비난을 면하기 어려웠다.

이와 같은 단점에도 불구하고 행동주의적 교수법은 분명한 장점들이 있다. 그래서 오늘날까지도 문형연습 등 일부 교수법들은 영어교실에서 여전히 활용되고 있고, 이론적으로도 연결주의(connectionism)라는 형태로 더욱 강화되어 있는 실정이다. 선천성이나 본능 같은 것을 따지는 유심주의적(mentalistic) 관점과 더불어 행동주의는 인간행동을 모형화하는 교육심리학 이론의 양대 산맥이라 아니할 수 없다.

육사를 졸업하고 전방에서 소대장 근무를 마친 다음 시험에 합격하여 어학생활관에 들어오게 된 김 중위는 요즘 미국인 선생님들과 함께 지내는 재미에 푹 빠져 있다. 다음 달이면 8개월 교육과정을 마치고 원대로 복귀하게 되는데 한미연합사 근무를 지원했으므로 조만간에 그는 한미연합사에 들어가 영어를 쓰는 보직에서 근무하게 될 것이다.

처음부터 영어가 잘 되었던 것은 아니다. 대부분의 동기생들처럼 그도 초긴장 상태의 전방 근무를 하면서 영어공부를 할 수 있는 형편이 못 되었기 때문에 입소 당시 그의 영어실력은 그렇게 뛰어났던 것은 아니었다. 하지만 미국방성 언어연구원에서 편집한 청화식 교재를 중심으로 초기에 강훈련을 받게 된 것이 단기간 내에 영어실력을 최대한 올려놓았다고 그는 믿고 있다.

처음에는 기본회화 문형들을 중심으로 간단한 대화들과 설명문들을 듣고 따라하는 연습을 했다. 랩실에서 주로 이루어진 이 청화식 연습은 수업시간이 하루 8시간이었지만 6시간 정도는 개인적으로 복습을 해야 하는 관계로 결국 하루 14시간 정도를 귀에 이어폰을 끼고 지내야 하는 강행군이었다. 주말에 외박을 나가기 전까지는 월요일서부터 금요일까지 매일 이런 청취 연습을 해야 하니 귀도 짓무르고 나중에는 엉덩이에 종기까지 났다.

그리고 어학생활관 내에서 거주하는 주중에는 일체 우리말을 사용할 수 없었다. 만약 우리말을 사용하다 지적을 받으면 벌점이 부과되고 벌점이 일정 수준을 넘게 되면 퇴교를 당할 수도 있었다. 몰래몰래 우리말을 사용하지 않은 것은 아니었지만 그래도 비교적 우리말을 잊고 살았다. 초기에는 물론 답답하기 이를 데 없었다. 하지만 이런 정도의 통제는 과거 자신이 받은 훈련의 강도에 비하면 아무것도 아니었다. 김 중위는 지금까지 늘 그래왔듯이 군인정신 하나로 이런 모든 영어학습의 난관을 극복해 나가야 한다고 믿고 있다.

이렇게 영어의 인위적인 생태섬에 들어와 영어에 푹 빠져 지내는 생활을 3개월 정도 하게 되자 거짓말같이 말문이 트이게 되었다. 그래서 동료들과의 영어 대화가 어렵지 않게 되었고, 미국인 선생님들과의 수업 중 대화나 방과 후 대화에 자신감이 생겼다. 그래서 그분들과 더욱 친해지게 되었고, 그에 비례하여 자신의 영어회화 실력이 부쩍 늘었다는 생각을 가지게 되었다. 다만 읽기와 쓰기 과제는 아직도 좀 생소하다. 이것도 자대에 가서 실제 업무를 수행하다 보면 조만간 늘게 되리라고 확신하고 있다.

김 중위는 자신을 비롯한 많은 동료들의 이러한 단기간에 이루어진 구어능력 향상이 미국방성에서 편집해 낸 단계별 교재에 의해 철저히 청화식 교수법으로 프로그램화된 교육과정과 학생들의 확고한 영어습득 욕구 및 군인으로서의 강인한 의지가 만들어낸 합작품이라고 믿고 있다. 그는 이곳에 들어와 영어를 배우는 동안 어떻게 배워야 잘 배울 수 있을까를 고민할 필요가 없었다. 이미 완벽하게 짜인 학습 틀이 있었고, 힘들고 어렵긴 했지만 그 틀을 벗어나지 않고 열심히 따라 하기만 하면 된다고 믿었기 때문이었다. 김 중위는 이제 생활관에서 다소의 여유를 느끼며 자대로 가면 이어지게 될 바쁜 업무수행에 대비해 동료들과 테니스를 치며 체력을 단련하고 있다.

17. 인지주의 학습모형에 의한 영어 배우기

예측 가능하고 통제될 수 있으며 관찰 가능한 데이터만을 따지는 행동주의와는 달리 인지주의 모형은 인간행동이 본질적으로 추상적인 실체라고 보고, 인간이 어떻게 생각하고 배우는가에 관심을 갖는다. 학습과 관련된 보이지 않는 정신과정, 즉 인지과정에 초점을 맞추는 것이다.

인지주의는 20세기 후반 촘스키(Chomsky)와 밀러(Miller)에 의해서 불이 당겨진 생각이었으며, 언어학과 심리학 및 인류학 사이에 통합이 일어나면서 인공지능학, 전산과학, 신경과학 등의 첨단학문으로 이어지는 인문학 '혁명'의 발단이 되었다.

인지주의의 기본 신조는 정신기능, 즉 인지구조의 개별적 성분들은 확인 가능하고 유의미하게 이해될 수 있다는 것과 인지는 별개의 분리된 내적 정신상태, 즉 표상이나 상징으로 구성되며 그 조작은 규칙과 알고리즘에 의해 기술될 수 있다는 것이다.

이러한 인지심리학과 촘스키의 변형생성문법의 영향을 받아 나온 교수법이 '인지 코드 학습'(Cognitive Code Learning)이라고 하는 인지적 접근 이론이다. 이것은 어떤 구체적인 방법론이라기보다는 외국어 교육의 목표를 언어능력 배양에 두고 이 목표를 달성하기 위해서는 규칙 인지를 중심으로 가르쳐야 된다는 입장이다.

이와 같은 인지적 접근법을 사용하는 인지주의 수업에서는 연습활동이 학생들의 이해과정에 바탕을 두고 이루어지며 연습되는 모든 문장은 유의미하게 구성되어야 한다고 믿고 그렇게 함으로써 궁극적으로는 창조적인 언어 활용의 단계까지 올라갈 수 있도록 계획된다.

예를 들어, 영어에서 가장 빈번하게 나타나는 -s 형태소 규칙을 학생들이 이해할 수 있도록 하기 위해 가족에 대해 얘기하는 두 사람 사이의 대화 데이터를 제시하고, 이들의 대화에서 -s로 끝나는 낱말들이 몇 개나 있으며 이런 낱말들의 -s는 몇 개의 그룹으로 범주화할 수 있는지를 알아보도록 하는 과제를 제시한다.

이런 과제를 수행하면서 학생들은 자연스럽게 복수 형태소 -s와 소유격 -'s, 그리고 3인칭 단수 주어 다음에 오는 동사의 현재시제 -s 형태소에 대해 주목하게 되고 이를 범주화하는 과정에서 이들 문법 현상을 학습하게 된다는 이론이다.

인지주의 학습 방법에는 이 외에도 연상단어 기억법(Linkword Method)이나 선행 조직자(Advance Organizer)의 활용 같은 방법들이 있다.

연상단어 기억법은 예를 들면 Man is mortal(인간은 죽게 되어 있다)과 같은 문장에 나타나는 형용사 mortal을 '못할 노릇'이라는 우리말 낱말과 연결시켜 기억하게 하거나 그 단어의 소리나 의미와 관련된 구체적인 심상(心想)을 떠오르게 하여 그 단어를 기억하는 방법이다.

선행 조직자란 사전 지식 구조를 새로운 정보에 연결시키는 인지 전략으로 테니스를 가르치기 위해 기존의 탁구 지식을 활용하도록 하는 것과 같은 지도 방식이다. 여기서도 개념도나 시나리오, 그래픽 등을 적극적으로 활용하여 언어적 형태의 지식과 비언어적 심상 형태의 지식의 결합을 최대한 이용한다.

청화식 교수법이 나오기 이전의 문법번역식 교수법도 사실은 이러한 범주화를 통한 규칙학습과 학습한 내용에 대한 망각을 최소화하기 위해 개념도, 시나리오, 그래픽 등을 어느 정도 활용한 측면이 있었다는 점을 감안한다면 인지주의 교수법이 전적으로 새로운 학습모형인 것만은 아니라고 할 수 있으며 우리가 익히 알고 또 실행해 왔던 전통적인 학습 형태의 일종이라고 보아도 사실 큰 문제는 없다.

인지주의 학습은 문법번역식 교수법과 비슷하게 지력 중심의 인지적인 요인이 지나치게 강조되는 나머지 정의적(情意的)이고 심리적인 요인들과 의사소통적인 언어기능에 대한 강조가 덜해지는 것이 아닌가 하는 비판도 받고 있다.

명신이는 경기도의 한 고등학교 1학년생이다. 부모를 잘 알고 있는 탓에 지난 여름 몇 차례 이 학생의 영어를 지도할 기회를 가졌다. 두뇌가 명석하고 성격이 차분한 학생이었다. 영어뿐만 아니라 전 과목에 있어서도 이미 상당한 실력을 쌓고 있는 우수한 학생이었다. 주된 학습방식은 전형적인 한국식 영어공부 스타일로서 주로 혼자서 배운 것을 복습하고, 그렇게 해서 축적시킨 학습 내용에 근거하여 새로운 지식을 쌓아나가는 전형적인 인지주의적 접근법을 따르는 학습 스타일이었다.

나는 명신이를 지도하면서 이 학생의 영어 4기능에 대한 능숙도를 측정해 보고 싶은 생각이 들었다. 해외에 나가서 공부해 본 적이 없는 순수 토종 영어습득이 어느 정도의 능력을 발휘하게 되는지 궁금했기 때문이다.

그래서 미국 ETS로부터 구입한 토플 샘플러를 이용하여 영어 듣기(LC)와 문법(Structure) 및 독해(RC) 시험을 치르게 했고, 토플 에세이 영작 과제를 수행하게 해 보았다. 그리고 며칠 뒤에 인터뷰 형식으로 말하기 테스트도 실시했다. 다음은 그 결과이다.

(1) 토플 샘플러 성적

LC: 27문제 중 17문제를 맞힘. 백분율 환산점수 74점으로 ETS 실험군 통계 평균치인 55.94보다 훨씬 더 높음.

Structure: 20문제 중 16문제를 맞힘. 백분율 환산점수 80점으로 ETS 실험군 통계 평균치인 55.54보다 훨씬 더 높음.

RC: 20문제 중 15문제를 맞힘. 백분율 환산점수 75점으로 ETS 실험군 통계 평균치인 55.86보다 훨씬 더 높음.

(2) 토플 에세이 영작

주제에 대한 이해, 문법성, 담화 구성 능력 등 전반적으로 문제가 많으나 한정된 범위 내에서 의사소통에 성공하고 있음. 영작한 에세이의 첫 문단 내용을 소개하면 다음과 같음.

> Parents are people who show *맹목적인* love to their children than any other persons. So they are always sensitive to their children's future, and try to provide more excellent things which is at the rate their passion and attention Also, in historical context, parents play an important role to figure who is respected by many people until now. Therefore, I absolutely agree that parents is the good teacher for their children.

(3) 인터뷰 프로토콜(I: Interviewer, M: Interviewee, 전사법은 Tannen의 것을 따름)

I: I'm going to ask you some questions in English. Is that Okay for you? We'll talk in English.

M: Yeah.... Okay.

I: What did you do.. last Saturday? I know you went to see a friend that day... and I'm just curious about.. what you guys did.. when you got together.

M: [after brooding over the meaning of the question] ..... I met.... my friend.... my friends.

I: I see... How many friends.. did you meet?

M: I met four.... friends. [Here she omitted the necessary phrase 'including myself.']

I: Hmm, where did you meet with them?

M: In the complex.... of entertainment.

I: What did you.. four of you... do in that complex?

M: I saw movie and buy.... /?/ shopping.

I: Oh, you saw a movie.. and.. did some shopping together, right?

M: ..... Yeah.

I: What movie did you see? Did you see.. the same movie, all... four of you?

M: Yes.. We saw *화려한 휴가*.

I: Hmm... Was it interesting?

M: Yes, it's not only interesting... it was so *감동적*.

I: It was not only interesting. It was so moving.

(중략)

M: One of my friends.. ordered *비빔밥* and... we all.. eat together.

I: Okay... after that... did you go somewhere else... or just start for home?

M: We go home... because 좀 tired.

I: But.. you had a great time.. together, didn't you?

M: Yes.

결과적으로 명신이의 영어 듣기와 읽기, 또는 문법 능력은 표준화된 시험을 통해 획득한 점수가 수험자 전체 평균에 비해 현저히 높고 큰 문제가 없어 보였지만, 말하기와 쓰기 능력은 듣기나 읽기

능력에 비해서는 크게 떨어져 보였다. 물론 말하기와 쓰기 능력에 대해서는 정확한 통계수치와의 객관적인 비교가 어려웠지만 미국 영어평가기관인 ETS의 채점지침서나 ACTFL Guideline 등에 비추어 볼 때 명신이의 능숙도는 중하(low-intermediate) 수준을 넘지 못하는 듯했다.

물론 고등학생으로서 이 정도의 작문이나 말하기를 할 수 있다는 것이 나에게는 놀라움으로 다가왔다. 그러면서도 이런 뛰어난 실력이 세계적 관점에서 보면 중하의 수준을 면치 못한다는 사실을 직시하면서 다시 한 번 영어를 지식으로 혹은 인지적 이해나 기억 대상으로 배우는 우리나라 영어학습자들의 4기능 능숙도 사이의 불균형문제를 걱정하지 않을 수 없었다. 이 불균형을 혹자는 영어 기능 내의 '영어 격차'(English Divide)로 보기도 한다.

18. 인본주의 학습모형에 의한 영어 배우기

인본주의 학습모형은 지(智)·덕(德)·체(體)가 하나가 되는 전인(全人) 교육을 지향한다. 인본주의 심리학자들은 인간행동의 근저에 자신에 대한 인식이나 자신의 존재를 실현하고 발전시키고자 하는 욕구가 있다고 믿는다. 그래서 학습자들은 이런 자신의 욕구와 자신의 내면세계, 즉 자신의 생각과 감정에 주의를 기울여야 한다고 믿는다.

인본주의 학습의 목표는 각 개인이 '완전하게 기능하는 인간'(fully functioning person)이 되는 것이다. 그래야만 각 개인이 가진 최대한의 잠재능력을 발휘할 수 있다고 보기 때문이다.

인본주의 학습모형에서는 학습이 순수하게 인지적 이해과정이나 인지 전략의 문제만은 아니라고 생각한다. 학습에 있어서 만일 인지적 이해나 정보처리 혹은 효과적 기억법만이 절대적인 것이라면 교육이나 학습은 단순한 지식의 전수만으로도 그 소임을 다할 수 있다.

진정한 교육이나 학습이 되려면 학습자의 인생 전체 발달에 영향을 미칠 수 있는 것이어야 한다고 보는 것이다. 인생은 고비마다 위기와 도전을 맞이하게 되는데 학습은 학습자가 창조적 노력을 통하여 이 위기와 도전을 극복할 수 있도록 도와주는 것이며, 위기나 도전의 극복은 학습자에게 자존감을 높일 수 있게 해주고, 높아진 자존감은 다시 학습자의 잠재역량을 극대화시키는 선순환을 하게 된다.

예를 들어, 인본주의 영어학습자는 능동태와 수동태 문법을 어떻게 배우게 될까?

다음과 같은 두 종류의 태 표현에 학생들은 각기 자신의 실제 삶을 반영시켜 각 항목에 대해 적절한 능동태 혹은 수동태 문장을 선택할 수 있다.

PASSIVE AND ACTIVE LIST

I was born.	I pushed out of my mother's womb.
I was taught to yawn.	I gave my first yawn.
I was shown how to crawl.	I crawled all over the floor.
I was breast-fed by my Mom.	My Mom breast-fed me.
I was loved by my Dad.	I loved my Dad.
I was adored by my Grandparents.	My Grandparents adored me.
. . . .	. . . .

(Jeremy Harmer, 2001, p. 91 자료에서 변형)

만일 자신의 경우에 맞게 일부 표현을 바꿔야 한다면 바꿔도 좋다. 즉, loved나 adored는 ignored나 spoiled로 바꿀 수도 있다. 그리고 이러한 자신의 선택에 대해서 짝이나 소그룹의 구성원들에게 이유를 설명할 수 있다. 이런 활동들을 통해 학습자는 자신의 지난 인생에 대해 반추해 볼 수 있는 기회를 갖게 되고 다른 사람들의 인생 배경에 대해 좀 더 폭넓은 이해를 도모할 수 있으며, 동시에 능동태와 수동태의 관계에 대해서도 많은 것을 느끼고 이해할 수 있게 되는 것이다.

인생에 대한 공부와 문법습득—잘하면 두 마리의 토끼를 한꺼번에 잡을 수도 있는 교수학습 모형이 인본주의 학습모형이다.

문규는 대학 3학년을 다니다가 휴학하고 캐나다에 와 브리티시 컬럼비아의 한 섬 리조트에서 호텔 잡역부로 일하고 있다. 주 업무는 세탁물을 수납, 처리, 배급하는 일이지만 그 밖에도 호텔 내에서 발생하는 여러 가지 궂은일들을 도맡아 하는데, 신속정확하게 업무를 처리하기 위해 무전기를 가지고 다니면서 다른 캐나다인 스태프들과 공조한다.

캐나다인 스태프들과 늘 영어를 사용하고, 높은 시간급을 받기 때문에 별 불만은 없지만 그래도 호텔 레스토랑에서 호스티스로 일하고 있는 후배 재희를 보면 부러울 때가 많다. 일이 편하면서도 다양하게 영어입력을 받을 수 있는 환경이기 때문에 영어습득에 훨씬 더 도움이 될 것이라는 생각 때문이다.

실제로 재희의 얘기를 들어보면 호스티스의 일이 훨씬 더 역동적이다. 그리고 재희는 그 속에서 여러 가지 역경을 잘 이겨내며 눈에 띄게 영어실력이 늘고 있다. 이곳에 일하러 와서 두 주일 동안 임시숙소인 인(inn)에서 지내던 재희가 이제 자기네 숙소로 들어가게 되었다. 그림 같은 집이라고 너무 좋아한다. 입주한 지 얼마 안 되어 만났을 때 재희는 함박웃음을 지으며 이렇게 말했다.

"오빠, I just got moved into the staff house. It's such a holly shit! Damn nice!"

파티가 열렸을 때 가보니 재희네 숙소는 영화 "홈 어론"이나 "베토벤" 시리즈에 나오는 호텔 같은 큰 집인데 호텔에서 셔틀을 운행해서 그걸 타고 출퇴근을 한다. 개인 냉장고가 있고, 가끔 야생 사슴이 앞마당에 와서 풀을 뜯어먹기도 해서, 너무 맘에 든다고 했다.

문규가 사는 곳과 비슷하게 이 숙소에도 모두 여덟 명의 스태프들이 사는데 이층에 네 명, 일층에 네 명이 거주한다. 재희는 이

층의 한 방에서 캐나다 여자 스태프 Wendy와 함께 지낸다고 한다. 그렇게도 빨리 마음이 바뀌는지 이제는 밴쿠버가 고향 같은 느낌이 든다고 한다. 얼마 전까지만 해도 정이 안 드는 곳이라고 온갖 불평을 다 해놓고선 말이다.

문규가 볼 때 재희는 이제 모든 캐나다 스태프들과 아주 자연스럽게 의사소통을 한다. 거의 모든 말을 다 알아듣는 수준인 것 같아 부럽기 짝이 없다. 캐나다 애들이 슬랭으로 이야기할 때만 말참견하기가 좀 어렵다는데 그 슬랭이라는 것이 대개의 경우 어떤 애가 아주 못됐는데 왜 못됐는가 하는 정도의 유치한 내용들이라서 별로 들을 만한 가치는 없는 가십성 멘트들이다. 그래도 문규는 슬랭에 강해지고 싶다. 그가 슬랭을 잘 알면 캐나다 스태프들과 더 잘 통할 것 같고 자신감도 더 생길 것 같아서다.

최근 호텔에 총지배인(General Manager)이 와서 직원들을 모아놓고 훈시 겸 강의를 한 적이 있었다. 총지배인은 인도인으로 미국에서 12년간 석사와 박사과정을 모두 마치고 호텔경영 쪽 경험을 쌓고 들어온 유능한 분이었다. 일 초에 몇 단어씩 마치 텔레비전 아나운서처럼 빠르면서도 또렷하게 스피치를 하는 바람에 문규도 한 마디도 놓치지 않고 다 들을 수가 있었다.

아마 한 달 남짓 호텔 근무를 하면서 여러 가지 스키마 지식들이 늘었기 때문에 잘 알아들었는지도 모른다. 또 현재 자신이 처한 상황에 맞춰진 얘기들이라서 가슴속 깊이 공감하면서 들을 수 있지 않았을까 하는 생각도 해본다.

포에츠 코브 호텔(Poet's Cove Hotel)은 겨울 비수기 때에도 비싼 발전기를 돌리며 문을 열어야 하는데 이런 여력을 갖추려면 여름 석 달 동안 정말 잘 벌지 않으면 안 된다. 특히 호텔 레스토랑 팀들의 서비스가 중요한데 손님들은 인근 밴쿠버나 빅토리아와 같은 도시에서 디너 한 끼를 먹기 위해 배를 타고 와 하룻밤을 호텔에 묵으면서 5,000달러(우리 돈으로 약 500만 원)가량을 쓴다.

이 고객들에게 디너는 단지 한 끼의 식사만을 의미하지는 않는다. 그들은 너무도 큰 비용을 들여서 왔기 때문에 그것이 정말 최고로 맛있고, 품격 있는 식사가 되기를 원하는데 전 스태프들은 이런 사실을 결코 몰라서는 안 된다는 요지의 강연을 총지배인은 직원들에게 해주었다. '그래서 이제부터 필요할 땐 언제나 나서서 여러분 하나하나가 다른 스태프들을 도와야겠다. 이것은 어떤 한 사람의 스태프를 돕기 위해서 또는 팁을 받기 위해서 하는 것이 아니라 호텔과 고객을 위해서 하는 것'이라는 요지의 훌륭한 연설이었다.

강연 후 뒤풀이 질의응답 세션이 있었다. 다른 캐나다 스태프들 몇 명이 시시콜콜한 영양가 없는 지적들만 하는 것 같았는데, 이때 재희가 손을 들고 일어나 이런 제안을 했다. "I'd like to recommend you to offer more intensive training that's related to FNB part."(식음료 부서 관련 교육을 좀 더 강화시켰으면 좋겠습니다.) 그러자 총지배인은 핵심을 찌르고 있다고 칭찬해 주며 "We had a plan for that already. What do you suggest in particular?"(그 점에 대해서는 이미 계획을 세워 놓았습니다. 특별히 제안하고 싶은 거라도 있나요?)라고 물었다.

그러자 재희는 지체 없이 이렇게 대답했다. "Such as food service and wine selection.... The customers often asked me about the menu and about the kinds of wine, et cetera but I couldn't explain to them because I had no knowledge of such things...."(이를테면 음식 서비스나 와인 종류 같은 것 말에요.... 손님들이 메뉴나 와인 종류 등에 대해 가끔 물어 오시는데 이런 것들에 대한 지식이 없기 때문에 설명을 못 해드렸어요....)

어떻게 저런 영어가 가능할까? 어디서 저런 용기가 날까? 재희의 영어는 문규가 흉내 낼 수도 없는 무척 빠르고 유창한 영어였다.

하지만 한국인의 영어라서 그런지 귀에 잘 들어왔다.

총지배인의 답변이 이어지고 나서 재희는 다시 "May I say one thing about staff accommodation?"(스태프 숙소에 대해 한마디 해도 될까요?) 하고 물어보았다. 백여 명 되는 스태프들이 재가 또 무슨 얘기를 하려 하나 하고 모두들 긴장하고 있을 때 재희는 이렇게 말했다. "It's extremely nice and I wonder why you treat us so well." (너무나 환상적이어서 우리들에게 왜 이렇게 잘해 주시는지 궁금합니다.)

그러자 총지배인은 "We treat you the same as we treat customers."(우리는 손님을 대하는 것과 똑같이 여러분을 대합니다.) 라는 답변을, 즉 "너희들에게 잘하는 것이 바로 고객을 위하는 길이고, 호텔을 위하는 길이 되기 때문에 잘해 주는 것"이라는 요지의 답변을 해주었다.

문규는 자신보다 나이는 어리지만 재희는 용감하고, 열린 마음으로 인생을 배우려 하고, 레스토랑에서 손님을 대할 때도 최선을 다하는 동료라고 생각한다. 그리고 텃세 부리는 캐나다 스태프들에게는 쌀쌀맞기 그지없는 도도한 한국 아가씨다. 그러다 파티가 열려 분위기가 무르익으면 재희는 최고의 춤꾼이 되어 인기를 독차지한다.

재희는 매사에 최선을 다하고, 그 속에서 보람을 찾는다. 언젠가 만났을 때 재희는 "오빠, 난 이제 고객의 기쁨이 우리의 기쁨이라는 말이 무슨 말인지를 깨달았어"라고 말하며 다음과 같은 얘기를 들려주었다.

"7월 6일 아침 식사를 하러 온 손님들 중에 다섯 살짜리 캐나다 어린애가 있었거든. 내게 와서 10달러 지폐를 보이며 여기서 시럽을 살 수 있겠느냐고 묻길래 그냥 줄 수도 있다고 하니까 'Oh man, Come on!' 그러더라고. 다시 팬케이크에다 발라 먹으려는 거냐고 물으니까 '아니 와플에다 발라먹을 거다.' '일행이 몇 사람이나 되느냐'고 물으니 '네 사람이다.' 그래서 이렇게 말했지.

Jaehee: I can just give you the syrup....
Kid: Oh man, come on!
Jaehee: You know why?
Kid: Why?
Jaehee: Because you're such a cute sweetheart.
Kid: Oh man, come on!

그래서 결국 시럽 큰 것 하나를 공짜로 주니까 (원래 주게 되어 있다) 이 자존심 센 부잣집 도련님이 큰소리로 주방에까지 다 들리도록 'I owe you!'라고 말하면서 자기 자리로 가더라. 상황을 짐작한 다른 스태프들이 다들 웃고 난리도 아니었어. 오늘은 이 아이 한 명 때문에 하루 종일 기분이 좋았지. 'I owe you'는 아마 '신세 잊지 않을게!' 하는 뜻이었던 것 같아."

얘기를 듣고 나서 문규는 이렇게 말했다. "재희야, 우리는 포에츠 코브에서 일하면서 인생에 대한 공부와 영어습득, 두 마리의 토끼를 잡고 있구나. 내 영어는 사실 브로큰 잉글리시의 수준을 조금 넘고 있을 뿐이지만 말이야."

19. 사적(私的) 언어와 내언(內言)의 역할

사적 언어와 내언은 언어발생과 관련된 사회문화 이론(Sociocultural Theory)의 용어이다.

비고츠키에 의하면 언어는 밖으로 향하는 특성과 안으로 향하는 특성 두 가지를 가지고 있다. 밖으로 향하는 특성은 다른 사람과 의사소통을 하기 위한 특성으로서 먼저 발달하고, 문제해결이나 사고(思考)를 하기 위해 안으로 향하는 특성은 나중에 발달한다.

우리는 유아가 손이 닿지 않는 곳의 무엇인가를 쥐려고 하면서 손을 뻗는 것을 가끔 보게 된다. 초기에 이런 손 뻗음은 무엇인가를 잡으려 했으나 잡지 못한, 성공하지 못한 시도에 지나지 않을 수도 있다. 그러나 아이를 도와주기 위해서 엄마가 오고, 엄마의 보살핌이 시작되면 상황은 달라진다. 손 뻗기가 하나의 대상 지향적 움직임, 즉 다른 사람을 목표로 하는 움직임으로 발전하는 것이다.

외적 활동으로 나타났던 것이 내적으로 재구성되고 이를 중재하는 신호 사용 활동이 기억에 의해 지식으로 전환된다. 아동에게 있어서 학습은 이렇게 처음에는 사회적 수준으로 사람과 사람 사이에서 발생한 것이 그 후에는 개인적 수준으로 자발적 주의와 논리적 기억 및 개념 형성 등을 통해 아동의 정신 내부에서 발생한다.

손 뻗기와 같은 제스처 단계를 벗어나면서 아동의 학습에 있어서 핵심적 역할을 하게 되는 것은 말(speech)이다. 말은 첫째로 의사소통 기능을 통해 어머니와 아이 사이에 사회적 접촉과 교류를 형성해주고 행동을 협조하게 해준다.

말에는 두 번째 중요한 기능이 있다. 바로 비사회적인 자기중심적 기능이며 개인 내적인 인지적 기능이다. 이것을 '사적 언어'(private speech)라고 한다. 사적 언어는 아동의 발달이 계속되면서 말, 즉 음성적 사고 형태로 바뀌어 '내언'(inner speech)이 된다. 내언의 문법은 복잡하지 않다. 대부분 주어가 떨어져 나간 술어만의 형태나 문제 해결에 꼭 필요한 단일어 형태로 압축된다.

예컨대, 색깔이 개입된 퍼즐문제를 풀 때 아동은 주어와 동사를 온전히 갖춘 말보다는 '초록색!'과 같은 단일어를 떠올리곤 하는데 이런 사고 보조언어가 내언이다. 만일 문제를 풀면서 자신의 생각을 제어하기 위하여 혼잣말로 궁시렁댄다면 이것을 가리켜 우리는 사적 언어라고 한다. 이런 사적 언어는 옆에 사람이 있어도 할 수 있다. 물론 밖으로 향하는 언어는 아니다. 그렇지만 '난 지금 이렇게 생각을 하고 있다'는 것을 암시하는 제스처일 수 있다.

인간은 이와 같이 밖으로 나가는 언어와 안으로 들어가는 언어 사이에서, 맥락 의존적인 의미(meaning)와 맥락으로부터 자유로운 의의(sense) 사이에서 늘 갈등하며 변증법적으로 문제를 풀어가는 존재다. 사회문화 이론가들은 사적 언어와 내언이 이것의 증거라고 보았다.

아이들은 물론 어른들도 어려운 과업에 봉착했을 때는 어린 시절 익힌 '사적 언어'를 통한 사유 전략으로 되돌아간다. 이를 일컬어 '연속적 접근'(continuous access)이라고 하는데, 어려운 문제를 해결하고자 할 때 우리는 어른이 되어서도 여전히 사적 언어나 내언에 의존한다는 증거가 된다.

스포츠 심리학에 의하면, 혼잣말을 잘 선택하는 선수는 운동 수

행능력을 높일 수 있고 더불어 자신감이나 주의력, 불안 감소, 재미 증대 등의 효과를 본다고 한다. 영어 학습도 마찬가지다. 사적 언어와 내언은 문제해결을 돕고 영어습득에 필요한 깨달음에 기여한다.

매스컴에 여러 번 소개된 천재소년 송유근의 영어를 배운 내력이 좋은 예가 될 수 있다. 여덟 살의 나이에 대학에 들어간 이 천재소년은 언어 영역에서도 네 개 언어를 자유자재로 구사하는 등 천재성을 입증했다. 그가 영어를 배운 내력이 좀 특이한데, 어린 시절 그의 부모가 한번은 모형비행기를 제작하는 재료를 사다 주었다.

유근이는 그 재료상자에 적혀 있는 영문으로 된 설명서를 보고 며칠 동안 의미를 연구한 끝에 영어라는 언어의 이치를 깨달았다고 한다. 미적분 문제를 푸는 데 일주일씩 몰입했던 것과 흡사한 문제해결식 영어습득 방법이었다.

이 천재소년은 복잡한 문제의 해결을 위하여 사적 언어와 내언을 필요로 했을 것이다. 그래서 며칠씩 몰입을 해가며 스스로와 소리 없는 대화를 나누면서 자신의 생각을 제어해 나갔을 것이다.

그에게는 영어라는 외국어도, 무한적분이나 리만적분 같은 난해한 수학문제도 모두 끝까지 내부논리를 찾아내어 그 법칙을 이해하는 문제해결 과업이었을 뿐이었고, 일단 며칠씩 걸려 이런 과업을 성공적으로 수행하고 나면 그것이 나중에 다른 유사한 문제를 해결할 수 있도록 도와주는 디딤돌이 되어 그의 학습은 무서운 속도로 발전할 수 있었을 것이다.

아이큐 210의 천재소년만이 그렇게 하는 것은 아니다. 우리 모두는 난해한 외국어로서 영어를 배우면서 유근이가 사용한 방법과 본질적으로 다르지 않은 문제해결 방법을 쓴다. 천재와 범재의 차이는 주로 학습속도와 몰입능력에 있다. 학습속도를 좀 양보하고 몰입능력을 높인다면 우리도 얼마든지 천재적 영어학습을 할 수 있다고 본다.

성렬이는 도시행정학과에 다니는 대학 3학년생이다. 일찍부터 영어의 중요성을 인식하고 대학에 들어가자마자 대학 내 타임반에 들어갔다. 선배들의 도움을 받아 타임지의 기사와 에세이를 한 편 두 편 읽기 시작했다.

처음에는 한 편을 읽는 데 거의 일주일씩 걸렸다. 찾아야 할 단어도 너무 많고 분석할 수 없는 문장구조도 많았다. 시사적인 내용들과 문화적인 내용들이 너무 많아서 이해의 걸림돌이 되는 경우가 많았다. 함께 시작했던 많은 동료들이 떨어져 나갔지만 성렬이는 끝까지 버텼다. 계속하다 보면 실력이 늘 것이라는 확신을 가지고 있었기 때문이었다.

한 달 두 달, 한 학기 두 학기 시간이 지나가면서 타임지 독해 실력도 늘어갔다. 이해하는 시간도 빨라졌다. 예전에는 기사 한 편을 읽는 데 여러 날이 걸렸었지만 이제는 웬만한 기사 하나쯤은 몇 시간이면 다 읽는다. 그리고 재미가 붙고 습관이 붙어서 이제는 매주 받아보는 타임지의 거의 모든 기사를 일주일 내내 붙들고 읽고 있다.

주위에서는 '타임지를 읽는 영어도사'로 통한다. 타임지 기사뿐만 아니라 이해하지 못하는 영어원서 내용이 있으면 도와달라는 요청이 들어온다. 여학생 선배나 후배에게 설명을 해줄 때가 제일 기분 좋다.

타임지의 기사나 특히 에세이를 읽다 보면 도대체 무슨 말인지 알 수 없는 문장들이 나온다. 한 주에 두서너 개씩은 꼭 있다. 이런 문장들은 어휘나 표현을 도무지 이해할 수 없는 것에서부터 (대부분은 사전에도 나오지 않는다) 문장의 문법구조 자체를 이해할 수 없는 경우들이다.

물론 문장구조 자체는 대개 분석 가능하다. 하지만 두 가지 내지 세 가지의 가능성이 있어서 주변 문맥과 가장 어울리는 의미를 찾아내려면 그 가능성들 중 하나를 선택해야 하는데 그것이 쉽지 않다. 어떨 때는 사나흘씩 고민해야 실마리가 풀리는 경우도 있다. 그러나 성렬이는 이러한 몰입이 은근히 즐겁다. 특히 의미가 '통'할 때는 엄청난 희열을 느낀다.

그래서 성렬이의 타임지 독해 전략은 어려운 문장이 나오면 내일로 미루자는 전략이다. 오늘 이해할 수 없었던 표현이나 문장구조가 내일 읽으면 '번쩍!' 하고 불이 들어오면서 해결되는 경우가 많았기 때문이다. 물론 무의식적으로, 문제가 되는 표현이나 문장구조를 머릿속에서 끊임없이 분석하고 있는 자신을 볼 때가 많다. 어떨 때는 스스로에게 말을 걸고 있는 자신을 느끼기도 한다.

성렬이는 이제 영어에 완전한 자신감을 얻었다. 그동안 읽어온 백 권 남짓한 타임지가 그의 자산이다. 이 타임지들은 낙서와 밑줄과 형광펜 자국으로 가득 차 있다. 영어의 네 가지 기능 중 말하기 실력이 가장 문제인데 이것도 타임반 동료들과 가끔씩 영어로 토론을 하면서 기본적인 기술을 익혔다. 대학을 졸업할 때까지 영어권 국가에 3개월 정도 단기연수를 다녀오면 훨씬 더 나아지리라 믿는다.

성렬이는 집안형편이 넉넉지 못하다. 그래서 힘들게 돌아가는 이런 식의 영어공부 방식을 택했고 현재 그 결과에 만족하고 있다. 영어로 쓰인 것이면 이제 무엇이든 읽어낼 수 있다는 것이 그의 큰 자부심이다.

20. 영어습득의 필요조건, 충분조건, 그리고 촉진조건

우리가 영어를 배우는 데 있어서 반드시 필요한 것은 무엇일까? 학자들은 외부환경을 통해서 학습자에게 제공되는 각종 언어자료, 즉 입력(input)이 영어뿐만 아니라 모든 언어습득에 필수적이라고 생각한다. 일단 적절한 입력이 없으면 우리에게 언어는 발생하지 않는다.

1799년 프랑스의 한 산골에서 열두 살가량의 소년이 발견되었다. 그에게는 나중에 빅터(Victor)라는 이름이 주어졌는데, 생포 당시 그는 벌거벗고 있었고, 동물의 흉내를 내고 있었다. 인간과의 접촉 없이 야생에서 살아온 그를 한 젊은 의사가 맡아 돌보며 교육하게 되었다.

그에게 5년을 가르쳤지만 주변 사람들과 친해지고 판단력이 조금 나아진 것 외에는 별다른 진전이 없었다. 특히 언어능력이 나타나지 않았다. 빅터는 오랫동안 숲 속에서 동물소리, 바람소리, 빗소리, 열매 떨어지는 소리 같은 자연의 소리만 듣고 자랐기 때문이었다. 결국 그는 일찍 죽고 마는데 그가 배운 단어는 두 단어, 즉 '우유'라는 단어와 '맙소사'라는 단어밖에 없었다.

다른 동물들과는 달리 인간의 뇌에는 언어를 배우는 독특한 능력이 있다. 그러나 이 능력은 외부에서 적절한 입력이 들어가지 않는 한 발달하지 않는다. 마치 바이러스처럼 입력된 언어는 유아의 뇌 속에 들어가 그 뇌를 숙주로 삼아 뇌 자체를 발달시키고 그곳에서 언어의 생명을 살아간다. 이것은 진화생물학적 관점에서 언어를 바라보는 테렌스 디컨(Terrence Deacon)의 생각이다.

그렇다면 언어 자체는 어디에 존재할까? 뇌와 외부환경의 중간 어디쯤이 아닐까 생각한다. 언어의 비밀은 뇌 속에만 있는 것도 아니고 외부에만 있는 것도 아니다. 마치 무생물적 속성을 가진 바이러스가 생물을 숙주로 유기물처럼 살아가는 것처럼 언어도 원래 밖에 있던 것이 뇌 속으로 들어가 살면서 다시 끊임없이 외부와 접촉을 유지하는 것이다.

그래서 단순한 입력만으로는 언어가 습득될 수 없다고 믿는다. 영어로 돌아가서 말해 본다면, 교실환경에서의 적절한 영어자료의 입력은 영어발생이나 영어습득에 필수적인 역할을 한다. 특히 초기 단계에서 이해하기 쉬운 영어 청취자료들이나 읽기자료들은 영어능력을 끌어올리는 데 중추적인 역할을 할 수 있다.

그러나 그것만으로는 충분하지 못하다. 왜냐하면 이런 수동적 입력을 통해서는 소위 '부정적 증거'(negative evidence)가 제공될 수 없기 때문이다. 즉 학습자가 계속해서 받게 되는 입력에는 오직 올바른 형태의 언어자료만이 소개될 뿐 잘못되었거나 또는 잘못될 수 있는 언어자료들은 배제되어 있다.

영어의 형태와 의미를 제대로 매핑(mapping)하기 위해서는 '부정적 증거'가 필요한데 이것은 바로 교사와 학생, 원어민과 비원어민, 또는 학습자와 학습자 사이에 이루어지는 사회적이며 교육적인 목적의 교류, 즉 상호작용(interaction)을 통해서 가능해진다고 보고 있다.

다시 말하면 영어를 배우는 데 있어서는 영어자료들을 듣거나 읽기만 하는 것으로는 불충분하고 말하기나 쓰기를 통해서 자기 영어능력의 오류 부분과 한계를 깨달아야만 제대로 된 습득이 이루어질 수 있다고 보는 것이다.

우리의 뇌에 보편적인 언어습득 능력이 존재하기 때문에 열심히 '듣기만 하면 습득은 자동으로 일어난다'는 것이 아니라 어느 정도 언어이해에 대한 기반을 닦으면 말을 해보는 연습, 즉 누군가 다른 사람과의 상호작용을 통해서 적극적인 '의미교섭'(meaning negotiation)이 일어날 때 습득이 완성될 수 있다고 보는 것이다.

영어자료에 대한 양질의 입력과 상호작용을 통한 양질의 의미교섭은 그래서 영어습득의 필요충분조건이 된다. 하지만 사회에서 영어를 배우는 것이 아니라 교실에서 영어를 배우는 한국적 상황에서 이러한 두 조건이 학습자에게 충분히 그리고 적절히 제공되기가 결코 쉽지 않다는 데 문제가 있다.

따라서 성공적인 또는 효과적인 영어습득을 위해서는 다시 촉진조건이 문제가 된다.

학자에 따라 다르지만 대개 영어습득의 촉진조건은 교사나 학부모의 피드백과 학습자의 태도와 동기, 그리고 교육의 강도라고 보고 있다. 이 중 가장 중요한 것으로 학습자의 태도와 동기를 꼽는다. 그 이유는 영어습득을 위해서는 장기간의 입력과 상호작용이 이루어져야 하는데 이 모두가 학습자의 장기적인 주의집중(attention)을 필요로 하는 일이기 때문이다.

형철은 불문과 4학년생이다. 폴 발레리를 좋아하고 베를렌의 시를 암송하는 불문학도다. 하지만 불어만 잘해 가지고는 취업을 하기 어렵다고 믿었기에 대학에 들어오자마자 영어공부에 열을 올렸다. 1학년 때는 토익 듣기와 읽기 중심으로 교재도 사보고 학원 강의도 수강하면서 공부를 했다.

군대에 갔다 와서 2학년에 복학한 형철은 'Let's Talk'라는 영어 회화 동아리에 들어갔다. 매일 열 명 정도의 회원이 점심 때 모여 한 시간 정도씩 영어로 이야기를 한다. '한반도 대운하' '북핵문제' 등 매일 주제를 정해서 참석한 회원들이 한 사람씩 돌아가면서 준비한 이야기를 한다. 즉, 주제에 대한 자신의 견해를 밝히는 것이다.

아주 단순하게 보이는 이 연습활동이 형철에게는 영어를 보는 새로운 눈을 갖게 해주었다. 그는 지금까지 말해보는 영어공부를 해본 적이 없었다. 중고등학교 시절부터 영어공부는 주로 문제 푸는 식의 읽기 공부였고, 수능고사의 듣기 영역과 토익 시험의 듣기 부분 점수를 받기 위해 어쩔 수 없이 테이프나 CD를 들으며 듣기 공부를 해왔다.

그런데 여러 명의 동료들이 지켜보는 가운데 자기 생각을 영어로 이야기하는 이 동아리 활동은 (특히 여학생들 앞이라서) 묘하게 떨리기도 하고, 더 잘할 수는 없을까 고민하게도 하고, 다양한 방식으로 남들이 영어하는 것을 들으면서 '아, 저런 식으로 말해도 되는가보구나' 하는 깨달음도 얻게 해주었다.

그리고 신기했다. 내가 영어로 문장을 만들어내 생각을 전개시켜 나가면 그 내용을 듣는 사람들이 즉각적인 반응을 해온다는 것이 너무도 신기했다. 이것은 영어책을 읽거나 듣기 문제를 풀 때와는 완전히 다른 정말 색다른 느낌이었다.

그리고 자신감도 생겼다. 내가 고심해서 만들어내는 문장들이 내 생각과 내 감정을 전달할 수 있는 매체나 수단이 된다는 사실을 깨달았을 때, 나도 이젠 영어로 뭔가를 할 수 있구나 하는 사실을 알게 되었을 때 무한한 자신감이 생겨났다.

그러나 형철은 3학년 2학기가 되면서 여러 가지 바쁜 일들 때문에 'Let's Talk' 그룹에 더 이상 참여할 수 없게 되어 아쉽다는 생각을 한다. 특히 영현이라고 하는 경영학과 학생을 보면 부러운 마음이 들 때가 많다. 그는 이 회화 동아리를 거의 이끌고 가다시피 하는 인물이다.

처음에는 오해도 있었다. 만나는 사람마다 영어로 말을 거는 거의 안하무인적인 태도 때문에, 그리고 어딘지 모르게 영어에 대한 자신감을 내비치려 하는 그의 뻐기는 듯한 태도 때문에 처음엔 그를 친구로 받아들이기 어려웠다. 그러나 그가 몇 차례 말을 걸어왔을 때 영어로 대답해 주었던 것이 계기가 되어 나중엔 그를 부담 없이 대할 수 있었다. 그러면서 자연스럽게 친해졌고 이런 저런 이야기를 나누게 되었다.

그는 아침에 일어나자마자 '영어로 샤워를 한다'고 한다. 난이도가 낮은 한 페이지 정도의 영어 지문을 읽고 무조건 외운다는 것이다. 그리고 거기 나온 표현들과 문장패턴들을 이용하여 그 날 만나는 사람들에게 영어로 말을 걸며 활용하는 연습을 한다. 그리고 혼자 있을 때는 거의 언제나 MP3 이어폰을 귀에 꽂고 있다.

그는 매일의 일상을 영어로 읽고, 듣고, 말하는 가운데 일종의 가상적인 영어 생태섬을 만들어 그 속에서 살아간다. 당연히 그의 영어 말하기 능력은 탁월할 수밖에 없다. 한 10분 정도씩은 어떤 주제에 대해서든 말을 이어갈 수 있는데 발음도 좋고, 속도도 적절하고, 대부분의 문장들이 의미 있게 연결된다. 굳이 단점을 든다면 그는 상대방의 말을 경청하는 타입은 아니다. 자신의 말을 약간은 일방적으로 강요하듯 쏟아 붓는다.

아마 영어를 익히기 위해서 일부러 그러는지도 모르겠다고 형철은 생각한다. 어쨌든 외국에 한 번 나갔다 온 적 없이 영어로 말을 저토록 잘하는 것을 보면 나도 앞으로 조금만 더 노력한다면, 그리고 용기를 낸다면 저만큼 할 수 있을 거라고 형철은 믿는다.

21. 영어학습의 선순환(善循環): 오류와 실패를 통해 배운다

영어학습의 악순환이라는 것이 있다. 많은 영어학습자들이 영어를 배우는 과정에서, 특히 말하기를 배울 때 자신은 영어로 말을 잘하기 전까지는 절대로 말하지 않고 기다렸다가 잘하게 되었을 때 말하기를 시작하겠다고 생각한다는 것이다.

영어 말하기 기술은 창피를 무릅쓰면서 실제로 말을 해보지 않고서는 늘지 않는다. 기술이 생길 때까지 기다린다는 것은 헛되이 기다리는 것이다. 그래서 결국 말하지 않고 기다리는 말하기 학습은 끝내 말하기를 배우지 못하는 학습의 악순환만을 초래한다.

이와는 달리 실수를 두려워하지 않고 말하기 연습을 시작하거나 어려움에도 불구하고 영어 듣기나 영어 쓰기를 시도해 보는 적극적 학습 태도는 그렇게 함으로써 더 나은 실력과 기술로 이어지는 선순환 구조를 낳는다.

영어에 'Never late than never'라는 속담이 있다. '늦었다고 생각할 때가 가장 빠른 때'라는 뜻의 속담이다.

영어공부는, 특히 영어 말하기 공부는 늦었다고 생각하는 그때 시작해도 결코 늦지 않고, 너무 이르지 않을까 생각하는 그 시점에서 시작해도 결코 이르지 않다. 영어학습에 관해서는 이런 적극적이고 능동적인 태도가 학습을 이끄는 중요한 동력이 된다.

그리고 이러한 태도는 개인적인 덕목일 수도 있지만 일정 부분은 목표언어와의 문화적 차이 혹은 사회적 거리(social distance)에서 오는 수가 많다는 것이 존 슈먼(John Schumann)의 '문화변용' 혹은 '문화적 동화'(acculturation) 이론이다.

미국에 이민 온 영어학습자들의 영어습득 실패 원인을 규명하는 데서 나온 이 이론의 골자는 학습자와 목표집단 사이에 사회적 거리감을 느끼게 하는 여러 요인들, 즉 집단 간 지배종속 관계나 지나치게 팽배한 인종분리 관념, 자체적 생활습관을 계속해서 유지하고자 하는 학습자 집단의 배타성 등이 문화적 동화를 통한 목표사회에의 참여를 어렵게 하고 결과적으로 영어습득에 장애가 된다는 주장이다.

다행히도 우리나라는 영어라는 언어나 영어권 국가들의 문화에 대해 별로 배타적이지 않다. 따라서 사회적 거리가 크게 작용하거나 영어학습자들의 발목을 잡거나 할 것 같지는 않다. 선택이 결국 개인에게 있다는 말이다. 개인이 강한 의지를 발휘한다면 영어와 우리 사이에 존재하는 사회적 거리는 크게 문제될 것이 없다.

개인적으로 오류 범하는 것을 두려워하지 않고, 실수나 실패를 통해 배울 수 있다는 적극적인 생각을 갖는다면 말하기와 듣기, 쓰기와 읽기 등 영어의 모든 기술이 선순환 구조를 이루면서 각자의 영어습득 과정을 앞당길 수 있다.

그러나 겉보기에는 너무도 당연하고 단순하기까지 한 이 원리가 실제 학습자들에게는 적용하기 어려운 것이 되어 있다. 이유가 뭘까?

가장 중요한 이유는 아마도 기간이 오래 걸리기 때문일 것이다. 교실수업 위주로 영어를 배울 경우를 감안한다면, 어느 정도 영어로 의사소통을 할 수 있을 만큼 실력이 자라기 위해서는 한 달이나 두 달의 노력이 아니라 적어도 수년 동안의 지속적인 노력이 필요하고, 다음으로 이 과정에서 학습을 촉진시킬 수 있는 적절한 교정 피드백(corrective feedback)이 일어나야 한다.

이 교정 피드백은 교사나 학부모가 해줄 수도 있고, 주변의 동료들을 통해서나 수준에 잘 맞춰진 교재 등을 통해서도 제공될 수 있다. 하지만 가장 좋은 피드백은 물론 교사로부터 받는 피드백이다. 왜냐하면 교사는 오랫동안 학생을 지도해 오면서 그 학생이 정확히 어떤 수준에 도달해 있는지를 알고 있기 때문이다.

그러나 모든 교정 피드백이 다 유효한 것은 아니다. 언어에 관한 한 학습자들은 일정한 습득순(order of acquisition)을 가지고 있다고 보기 때문이다. 이를테면, 대부분의 영어학습자들은 명사의 복수 만드는 규칙을 먼저 배우고 한참 단계가 지난 후에야 소유격을 만드는 규칙을 배운다고 한다. 이것이 자연교수법(Natural Approach) 이론가들의 주장이다.

아직 소유격을 이해할 수 있는 단계에 접어들지 않았는데 소유격 습득을 강요해 보았자 학습자는 그 피드백을 받아들이지 않는다는 것이다. 다시 말하면, 그 단계에서는 아무리 교정 피드백이 주어져도, 그래서 부정적 증거가 제공되어도, 학습자에게 들어온 영어 소유격 문법의 입력(input) 내용들은 흡입(intake)되지 못한 채 '한쪽 귀로 들어왔다가 한쪽 귀로 나가버린다'는 것이다.

영어습득 과정에서 오류의 교정은 이렇게 시간낭비로 흐르는 경우들이 많다. 이것이 또한 학습자들로 하여금 오류와 실패를 통해서도 배울 수 없다는 잘못된 인식을 심어준다.

영어를 잘하기 위해서는 일단 해보아야 하고, 해보면서 자신의 잘못과 한계를 인식해야 하고, 개인적 학습단계를 고려한 시의적절한 교정이 학습자의 자존감에 손상을 주지 않을 정도로 부드럽게 제공되어야 한다. 만일 학습과정 전체가 재미있고 피드백을 제공하는 교사나 상대방을 믿을 수 있다고 느낀다면 학습자들의 심리적

장벽은 걷혀져서 학습자들은 즐겁게 오류를 범하면서 그 오류를 통한 학습을 촉진시킬 수 있을 것이다.

이것이 단순해 보이지만 오류와 실패를 통해 배우는 영어학습의 선순환 모델이다.

희찬이는 인천시에 소재한 외국어고등학교에 다니는 2학년 학생이다. 영어를 잘해서 외고에 들어오기도 했지만 영어 하나만큼은 자신이 있다. 이러한 자신감의 배경에는 초등학교 4학년 때부터 계속 써온 영어일기가 있다.

오랜 세월 동안 희찬이가 영어로 일기를 쓸 수 있게 된 것은 영문과를 나온 이모 덕분이다. 이모는 희찬이가 쓴 영어일기를 늘 꼼꼼하게 봐주었고, 물론 어느 정도 말이 통하면 그냥 넘어가기도 했지만 표현 하나하나를 비교적 세심하게 바로잡아 주었다.

그래서 일찍부터 영어로 자신의 생각을 표현하는 법을 익힐 수 있었고, 이것이 영어 읽기나 듣기에도 영향을 주게 되어 영어가 별로 어렵다는 느낌 없이 학교에서나 학원에서 영어수업을 잘 따라갈 수 있는 밑거름이 되었다. 그리고 조금만 해도 남들보다 더 잘하게 되니 재미를 붙여 더 열심히 영어를 공부하게 되었다.

다음은 교정을 받은 희찬이의 영어일기 샘플이다.

August 15th, 2004
Topic: Bill Gates
In Korea, I heard many news of Bill Gates.
한국에서 나는 빌 게이츠에 대해 많은 소식을 들었다.
*many news of → much news of/ a lot about

For example, he is one of the billionaires and people who has very genious tellent about his part.
예를 들자면, 그는 백만장자 중 하나이고 그의 부분에서 천재적인 재능을 지니고 있는 사람이라는 것이다.

*who has very genious tellent → who have a genius-like talent

*about his part → in his field

But I had no idea that Bill Gates is also pilanthropy.

그러나 나는 빌 게이츠가 박애주의자라는 것은 전혀 몰랐다.

*pilanthropy → a philanthropist

I get express about that. I supposed about him that he is only cold businessman.

그 사실에 감명을 받았다. 나는 그가 그저 냉철한 사업가라는 추측만 했을 뿐이었다.

*get express → got impressed

영문학을 전공한 이모의 영향으로 희찬이는 또한 다양한 영어 작품들을 읽었다. 『키다리 아저씨』, 『잭과 콩나무』, 『헨젤과 그레텔』 등을 영어로 읽었고, 알퐁스 도데의 『별』은 카세트테이프를 들으며 책으로 읽었다.

그리고 이모가 미국에 갔다가 사가지고 온 『미녀와 야수』, 『프리 윌리』, 『라이언 킹』, 『아라비안 나이트』 등 디즈니 영화들을 자막을 띄우거나 또는 자막 없이 수없이 반복해서 보았다. 그중 가장 인상 깊은 것은 『올드 옐러』라고 하는 1950년대 디즈니 영화다. 텍사스의 한 시골 목장을 배경으로 올드 옐러라는 누렁이 개와 두 소년 사이에 일어나는 애환을 그린 영화다.

희찬이는 이 영화를 보고 미국의 시골을 꼭 가보고 싶었고, 그러기 위해서는 영어를 잘해야겠다는 생각을 했다.

희찬이는 이제 이모의 도움을 필요로 하지 않는다. 외고에 다니기 때문에 다양한 학교수업만으로도 영어공부를 충분히 하고 있다. 그러나 오랫동안 자신에게 용기를 북돋워주고 단계적으로 교정 피드백을 제공해 준 이모에게 감사한다. 이모가 아니었다면 자신의 영어실력은 그리 쉽게 길러질 수 없었을 것이라고 믿기 때문이다.

22. 문법인가 어휘인가?: 어휘화된 문장줄기들을 통한 영어 배우기

우리나라 영어학습자들이 필요로 하는 영어능력은 두 가지다. 첫째는 학문적 목적의 영어능력이고, 둘째는 원만한 대인관계를 형성 혹은 유지하기 위한 영어능력이다.

학문적 영어능력(academic competence)은 심화된 전공 공부나 학문연구를 위해 필요하고 전문직 업무수행을 위해서도 필요하다. 대인적 영어능력(interpersonal competence)은 세계화 시대에 다른 나라 사람들과 면대면 접촉을 하면서 의사소통을 하기 위해 영어를 배우는 경우 필요로 하는 능력이다.

전자는 4기능 중 읽기와 듣기가 가장 중요한 기술이고 쓰기와 말하기가 그 뒤를 잇는다. 후자는 듣기와 말하기가 가장 중요한 기술이고 읽기와 쓰기가 그 뒤를 따라간다.

그러나 이 두 능력은 모두 어휘지식이 가장 중요한 지식이다. 그 뒤를 따라오는 것이 문법적 지식, 소위 단어형태나 음성체계, 문장구조나 담화구조에 대한 지식이다. 어떻게 이런 결론을 내릴 수 있을까? 그 이유는 언어의 본질이 문법인가, 어휘인가에 있다.

통사론자 촘스키는 문장이 S → NP + AUX + VP라고 보았고, 어휘론자 윌리스(Willis)는 문장이 S → NP + V + ?라고 보았다. 윌리스의 스키마는 동사가 결정되지 않으면 문장은 결정되지 않는다는 주장이다. 물론 이런 생각은 할리데이(Halliday)의 어휘기능문법에 영향받은 바 크다.

그러나 우리나라 말을 비롯한 세계 많은 언어들은 소위 주어를 꼭 필요로 하지 않는 언어들이다. 원래 문장 자체의 스키마에 NP와 같은 소위 주어가 들어 있지 않는 것일지도 모른다고 한다면, 'S → NP + V + ?' 스키마에서 제대로 남는 것은 동사 하나밖에 없다. 이 동사도 계사인 be동사에 형용사 또는 부사가 결합되어 문장이 만들어지는 경우가 많으니까 결국 문장이란 어휘들의 변형이라는 논리가 성립한다.

다시 말하면 언어란 본질적으로 문장이란 것은 없고 어휘만이 존재한다고 해도 큰 무리가 없다. 아마 그래서 비고츠키가 단어가 언어의 본질이고, 기본단위라고 생각했는지 모르겠다.

통사론자들에게 어휘란 문장구조를 완성하는 데 필요한 자재일 뿐이다. 부수적이라는 얘기다. 하지만 어휘론자들은 그 반대라고 생각한다. 어휘가 의미를 나타내는 데 문법이 부수적으로 쓰인다는 것이다. 이를 '떠받들어 모신다'(subservient)라는 단어를 사용해서 표현한다. 이 단어의 뜻은 크게 두 가지다. 첫째는 어떤 상위에 있는 것이 하자는 대로, 하위에 있는 것이 한다는 의미일 수 있고, 둘째는 비교되는 다른 것보다 덜 중요하다는 뜻일 수 있다.

실제로 에드워드 올비(Edward Albee)의 희곡 *The American Dream*을 읽어보면 거기 나오는 대부분의 대화는 서너 가지의 문형밖에 없다. 모든 발화가 단문의 연결로 이루어져 있는데 이 단문이라는 것이 넓은 의미로 보면 모두 독립적 의미 하나씩을 나타내는, 그렇게 해서 독립적 의사소통 기능(function)을 수행하는 어휘덩이(lexical chunk)들이다.

코더(Corder)는 이를 '구문장'(holophrase)이라 했고, 하쿠타(Hakuta)

는 이를 '미리 준비된 문형'(prefabricated patterns)이라 했으며, 켈러(Keller)는 이를 '갬빗'(gambit)이라 했다. 폴리와 사이더(Pawley & Syder)는 이를 다시 '어휘화된 문장줄기'(lexicalized sentence stems)라 불렀다.

윌리스는 이를 '어휘소'로 범주화하여 문법이라는 것과 대치시켰다. 물론 문법은 규칙들(rules)로 격하되어 패턴으로 행동하는 단어들의 '의미 만들기'(meaning-making) 목적에 봉사한다.

올비의 희곡 *The American Dream*을 보면, 문법의 봉사는 미안할 정도로 별 볼일이 없다. 예를 들어, 이 희곡의 이어지는 대화문장 10개를 임의로 추출하여 살펴보면 소위 문법구조가 하는 일이 얼마나 미약한지 실감할 수 있다.

But I'm not sure that...
Open the door.
Was I firm about it?
Oh, so firm; so firm.
And was I decisive?
So decisive! Oh, I shivered.
And masculine? Was I really masculine?
Oh, Daddy, you were so masculine; I shivered and fainted.
Shivered and fainted, did she? Humf!
You be quiet.

(Edward Albee, 1961, p. 74)

언어의 창의성(creativity)이라는 특질은 너무 지나치게 과대평가된 특질이다. 일상 언어에는 창의성이 거의 나타나지 않는다. 기억부에서 회수(回收)한 어휘 패턴들을 나열하여 의미를 계속해서 만들어 나갈 뿐이다. 일상 언어의 중요한 특징은 구조의 창의성이 아니라 회수된 어휘목록의 다양성이다. 우리가 의사소통을 하기 위해

의존하는 방법은 바로 이것이다.

언어의 기능적인 측면을 강조하는 어휘론자들은 예를 들어, as a matter of X와 같은 연어(collocation) 표현이 하나의 어휘라고 본다. 이 X라는 자리에는 fact, course, urgency 등은 들어갈 수 있지만 opinion 같은 낱말은 들어갈 수 없다. 그래서 연어가 되는데, 어쨌든 이 모든 표현들을 뭉뚱그려 하나의 어휘덩이 표현으로 본다는 것이다.

결국 언어는 Would you like X? Watch your X(X = step, X ≠ pace), You can if you want X(X = to-infinitive) 등의 미리 준비된 요소들과 어휘덩이들로 이루어진 상징체계 내지는 의미기능체계라는 얘기가 된다.

여기서 한걸음 더 나아가면, 한 편의 소설도 거대한 어휘일 수 있고, 한 편의 논문 역시 거대한 하나의 어휘일 수 있으며, 하나의 농담 역시 개별 어휘와 질적으로 다르지 않은 독립된 상징체계가 될 수 있다. 이렇게 본다면 평소 우리가 생각하는 어휘관과는 많이 다른 어휘관이 구축될 수 있을 것이고, 이런 어휘관이 영어습득을 앞당기는 지름길이 될 수 있다.

또 하나 중요한 것은 이런 어휘들은 모두 이 세상에 존재하는 지시물 하나씩을 가지고 있다는 것이며, 인간의 언어는 이렇게 해서 인간의 주변 환경, 즉 사회라고 하는 것과 불가분의 관계를 맺게 된다. 그런데 이와 같은 언어와 환경의 관계를 잘 보여주는 것은 문법이 아니라 어휘라는 것이다.

문법은 스스로 모든 것이 완성되는 자족적인 체계지만 어휘는 불가피하게 외부 지시물과 연결될 수밖에 없는 비자족적인 체계이기 때문이다.

다시 말하면 언어는 우리 뇌 속에 가상적 실재(virtual reality)로 존재하는데 이 인간의 내부에 있는 가상적 실재를 진정한 실재로 만드는 것이 인간의 외부 환경, 즉 사회적 환경이다. 그래서 언어를 이해하는 데는 언어학 못지않게 사회학과 철학, 심리학이 중요하다는 생각을 하게 되는 것이다.

영어습득에 있어서도 문법은 습득기간이 짧은 반면 어휘는 습득기간이 길다. 문법은 순수하게 인지적인 접근을 통해서도 배울 수 있지만 어휘는 외부 사물과의 관계를 통해서 배워야 제대로 습득된다. 그리고 일상 언어가 상당 부분 어휘나 '어휘화된 문장줄기'들로 이루어져 있기 때문에 이러한 특성을 이용하면 훨씬 더 쉽게 일상 언어를 터득할 수 있다.

말하기나 쓰기에 활용할 수 있는 영어의 '어휘화된 문장줄기'(Lexicalized Sentence Stems)의 예를 들어보면 다음과 같다.

▶ 어휘화된 문장줄기(LSS):
NP be-TENSE sorry to keep-TENSE someone waiting.
▶ 개별문장에 대한 적용:
a. I'm sorry to keep you waiting.
b. I'm so sorry to have kept you waiting.
c. Mr Kim is sorry to keep you waiting all this time.

말을 하는 사람이나 듣는 사람이 유창성을 달성하기 위해서는 내화된 문법체계 지식만으로는 부족하다. 실시간으로 언어정보를 처리하는 작업기억부(working memory)에서의 처리부하를 현저히 줄일 수 있도록 말을 하는 사람이나 듣는 사람은 위의 예에서 보는 바와 같은 활용도 높은 어휘요소들, 즉 '어휘화된 문장줄기'들을 장기기억부(long-term memory)에 많이 장만하고 있어야 한다.

그러나 주의해야 할 것은 이렇게 활용도 높은 어휘요소들을 잘 장만하여 유창하게 의사소통을 하게 되면 소위 '때 이른 안정화'(premature stabilization) 효과가 나타나서 정확성에 도달하기 위한 마지막 노력을 게을리할 수 있다는 것이다.

학자들은 이에 대한 방책으로 형태초점(focus-on-form) 연습활동을 추천하고 있는데, 쉽게 말한다면 마지막 굳히기 문법습득 연습활동이다. 하지만 '때 이른 안정화' 현상이 나타난 상당수 학습자들의 문법교정이 잘 이뤄지지 않는다는 점은 영어습득이나 영어학습의 길이 여전히 요원한 것임을 가리켜준다. 한 번의 처방으로 모든 문제가 해결되는 영어의 단방약은 그래서 존재하지 않는 것인지도 모른다.

창권은 K대 재료공학과를 나와 한 외국계 제조기계 회사의 판매과에서 세일즈 엔지니어로 근무해 왔다. 그는 1년간 호주에서 어학연수를 받은 적이 있으며 그 결과 AEP(Advanced English Proficiency) 2등급을 따냈다.

창권은 엑셀 등 상업용 소프트웨어를 다루는 데 능숙하고 뛰어난 영어 프리젠테이션 능력을 갖추었다. 그는 회사에서 인정받고 있는 재원이며 우수 판매사원이다. 가끔씩 한국어 억양이 느껴지긴 하지만 세련된 매너로 영어를 구사하는 그를 보면 늘 자신감이 넘쳐 보인다.

그러나 그는 영어를 말하기 전 늘 미리 머릿속으로 생각해 두었던 문장들을 꺼내다가 약간씩 변형시키면서 말하기를 한다고 털어놓았다. 소위 '어휘화된 문장줄기'들을 이용하는 것이 말하기에 있어서의 그의 유창성 전략이었다.

그는 장차 재료공학 분야의 유능한 컨설턴트가 되기 위해 회사를 휴직하고 미국의 경영대학원에 지망하여 한 대학원으로부터 입학허가서를 받아두었다.

그가 도달한 영어실력을 가늠해 보기 위해 경영대학원 입학시험을 치기 위해 연습한 에세이 한 편을 살펴보도록 하자. 원래는 네 단락으로 쓰였지만 첫 단락만 보기로 한다. 원래 에세이는 회사 내 복장규정을 완화하는 문제에 대한 개인적 견해를 피력하는 내용이다.

> Visible fashion in dress is important and can represent **his** trend and personality. Some people may claim that company should not allow the trend toward informality in dress and conduct at the workplace to continue. However, I disagree with this point, because I think that informality in dress and conduct at workplace can **make** more creative and flexible thinking which **can helps** more productive work environment.

이 작문 샘플을 보면 창권의 실시간 말하기 기술은 뛰어나지만 그의 글쓰기 능력은 말하기의 유창성이나 정확성을 따르지 못하는 것 같다는 생각을 하게 된다. 아이디어를 생성시켜 적절한 도입 단락을 구성하긴 했지만 어휘선택이나 문법의 적용이 어설픈 곳이 여러 군데 있다.

예컨대, 첫 문장에 나타난 소유격 대명사 his는 왜 갑자기 튀어나왔는지 의문이고, 마지막 문장의 동사 make는 induce로 바꾸는 것이 올바른 어휘선택일 것이며, can helps는 can help나 그냥 helps로 표현했어야 한다. 왜 AEP 2등급의 실력자가 이런 얼토당치 않은 실수를 범한 것일까?

창권 역시 신세대 영어학습자의 범주에 속한다. 문법과 독해능력의 습득에 치중했던 지난날의 학습자들과 달리 의사소통 교수법이 주류 교수법으로 등장하고 대학수능시험에 듣기시험이 포함된 1994년 이후에 영어교육을 받았다는 점에서 그렇게 말할 수 있다.

이들 신세대의 영어실력은 말하기와 듣기에 있어서는 이전 세대들과는 비교가 되지 않을 정도로 뛰어나다. 그러나 말하기와 듣기와 같은 구두능력이 정확성보다는 유창성을 강조한다는 점에서 이들이 문법적 정확성이나 고급 독해능력 또는 고급 작문능력에 있어서는 구두능력만큼 만족스러운 수준에 도달해 있지 못하다는 평가를 할 수 있다.

이들에게서도 소위 '때 이른 안정화'(premature stabilization) 현상이 나타나고 있다고 볼 수 있으며 이를 수정·보완하기 위한 다각적인 조치가 앞으로 취해져야 할 것으로 보인다. 물론 창권의 경우는 미국 경영대학원에서의 훈련이 영어의 정확성을 획득하는 계기가 될 수도 있을 것이다.

23. 우리가 배워야 할 영어로서의 세계표준영어

우리가 배우는 영어를 구분하는 방식은 여러 가지가 있다. 배우는 환경과 관련하여 구분하면 SL 즉 제2언어(Second Language)로서의 영어가 있고, FL 즉 외국어(Foreign Language)로서의 영어가 있으며, AL 즉 보조언어(Auxiliary Language)로서의 영어가 있다.

좀더 자세히 말하면, SL은 주로 원어민들로 이루어진 사회 환경에서 언어를 배우고 사용하는 경우이고, FL은 목표언어와는 관계없는 모국어 환경에서 목표언어를 사용할 기회를 거의 갖지 못한 채 배우는 경우이며, AL은 배우는 언어가 모국어는 아니지만 정치적이거나 기술적인 목적을 위해 사용되는 환경에서 배우게 되는 경우를 뜻한다.

예를 들어, 한국 교민의 자녀들이 미국이나 영국에서 영어를 배우면 그것은 SL로서 영어를 배우는 것이고, 우리나라 교육체제하에서 영어교육을 받으면 그것은 FL로서 영어를 배우는 것이다.

다인종 국가인 나이지리아의 경우 초등교육에서는 하우사어, 이보어, 요루바어 등 각 부족의 모국어로 수업을 하지만 중등교육부터는 영어로만 교육을 받는다. 의회나 정부의 기능을 수행하기 위해서 사용하는 언어도 역시 영어로서 영어는 소위 공용어(Official Language)다. 이럴 경우 나이지리아인들은 AL로서 영어를 배운다고 할 수 있다.

하지만 AL의 개념은 폭이 넓어서 우리나라 기업인이나 정치인이 교역을 위해 영어를 사용하거나 세계대회에 참가하여 영어로 의사소통을 한다면 이것 역시 AL로 영어를 사용한다고 할 수 있다.

정리하자면 우리의 경우 FL이나 SL로 영어를 배워서 AL로 영어를 사용하게 된다고 말할 수 있다. 그러나 의사소통 목적이 아니라 순수하게 시험을 치거나 대학에 들어가기 위해서, 또는 졸업을 하기 위해서만 영어를 배운다면 그것은 FL로 영어를 배워서 FL로 끝내는 경우가 된다.

그러나 오늘날 영어는 변화하고 있고, 영어의 표준도 바뀌고 있다. 그래서 종전에 영어를 구분하던 SL, FL, AL과 같은 개념들이 더 이상 유용하지 않은 실정이다. 이제는 세계영어를 논하면서 다시 '세계표준영어'(World Standard English)라는 개념을 고려해야 할 때가 되었다.

영어권 국가의 신문들을 보거나 방송뉴스들을 들으면 억양이나 발음, 어휘 표현법 등 다양한 차이점에도 불구하고 어떤 공통적인 특징이 있음을 감지할 수 있다. 이런 공통적인 영어의 특징을 가리켜 '세계표준영어' 혹은 WSE라고 부른다.

케임브리지 백과사전에 의하면 이 '세계표준영어'는 다섯 개의 표준영어(Standard English) 권역과 세 개의 근사 표준영어(Standard or Standardizing English) 권역으로 나뉘어 있다.

영국 및 아일랜드 표준영어, 미국 표준영어, 캐나다 표준영어, 오세아니아 표준영어, 카리브해 표준영어가 다섯 개의 표준영어 권역에 속하고, 홍콩, 필리핀, 싱가포르 등의 동아시아 근사 표준영어, 방글라데시와 인도를 중심으로 하는 남아시아 근사 표준영어, 나이지리아나 케냐 등의 아프리카 근사 표준영어가 세 개의 근사 표준영어 권역에 들어 있다.

이들 표준영어 혹은 근사 표준영어는 영어로서의 핵심 공동 특질을 보유하고 있으며 상호 간의 의사소통에 근본적인 문제를 제기하지 않는 것으로 인식된다. 이들 표준영어 혹은 근사 표준영어를 사용하는 지도자들이 세계무대에 나와 의사소통하는 것을 본 사람이라면 이 점에 쉽게 동의할 수 있다.

예를 들어, 남아프리카 공화국의 만델라 대통령이나 코피 아난 전 UN 사무총장, 리 시엔 룽 싱가포르 수상이나 아로요 필리핀 대통령, 만모한 싱 인도 총리, 존 하워드 호주 총리, 메리 매칼리즈 아일랜드 수상, 그리고 우리나라 반기문 UN 사무총장의 영어는 모두 '세계표준영어'의 범주에 들어가는 영어로서 '세계표준영어'로 영어를 익힌 전 세계 영어사용자들에게 의사전달에 문제를 일으키지 않는다.

우리가 현재 배우고 있는 주로 미국표준영어에 기반한 교실영어도 다행히 이러한 '세계표준영어'의 범주를 벗어나지 않는 모범적인 영어다. 그리고 우리나라의 성인 영어학습자들이 가장 중요하게 생각하는 TOEIC 시험도 영국영어와 호주영어, 남아프리카 영어 등의 다양성을 듣기시험에 반영했지만 이 역시 '세계표준영어'에 도달하려는 적극적인 시도이므로 전혀 문제가 될 수 없다. 또 하나의 중요한 시험인 TOEFL은 미국 내 교육기관에서의 수학능력을 예측하고자 하는 시험이므로 미국표준영어에 기반한 시험으로 남아 있다.

결과적으로 우리가 교실에서 배운 영어나 주요 영어능력시험을 준비하면서 익히는 영어가 세계무대에 나아가 사용할 때 적어도 언어적 '이해가능성'(intelligibility)의 문제를 야기하지는 않을 것으로 보이는 안전한 영어라는 것이다.

그러나 한걸음 더 나아가서 염두해 두어야 할 문제는 이런 식의 영어학습이 미래의 '세계표준영어'에도 과연 대비할 수 있을까 하는 점이다.

세계영어는 지금 급격한 변화를 겪고 있다. 빈번한 해외여행, 위성방송, 언론매체들과 방송의 세계화, 주식시장, 다국적 기업, 정부 간 협력체, 대학 간 교류 등 다양한 국제적 교류들이 일상적으로 일어나고 있고, 그럴 때마다 언어와 문화의 뿌리가 다른 수억 명의 영어사용자들의 이해 가능성과 의사소통이 담보되어야 하는 부담을 안고 있기 때문이다.

이미 곳곳에서 영어의 특이종들이 나타나고 있다. 좋은 예가 유럽연합의 회의장에서 사용되고 있는 소위 '유로영어'(Euro-English)와 같은 영어다. 이 영어는 현존하는 어떤 영어와도 같지 않은 특이종이지만 현재 언어적이며 문화적인 뿌리를 달리한 유럽연합의 지도자들이나 수행원들에 의해 사용되면서 '세계표준영어'에 대한 압력으로 작용하고 있다.

그래서 일각에서는 국제적인 의사소통의 편이를 위해 가장 합리적이고, 가장 유용한 형태의 신종 영어를 개발해야 한다는 목소리도 나타나고 있다. 1980년대 초에 제안된 적이 있는 '핵영어'(Nuclear English) 개념이 바로 그런 예다. '핵영어' 제안자들은 국제적인 의사소통에 도움을 주는 문법과 어휘만을 최소한으로 채택한 신종 영어가 필요하다고 역설한다.

만약 이런 영어가 나타난다면 세계인은 모두 지금보다는 훨씬 더 적은 학습 부담을 안고 영어를 배우게 될 것이고, 특히 우리나라 영어학습자들의 학습 부담을 크게 덜어줄 수 있을 것이므로 우리에겐 좋은 기회라 아니할 수 없다. 그러나 이런 '핵영어'는 밖에서 주어지는 것이 아니라 어쩌면 우리 자신이 만들어가야 하는 영어일지도 모른다.

우리가 배우는 영어에 대한 적극적이며 능동적인 대처가 필요한 시점이 다가오고 있다.

나는 1985년 8월 중순경 미국 중서부의 캔자스 주 로렌스에 있는 캔자스대학교 대학원에 다니기 위하여 김포공항 국제청사 승강장에서 비행기에 몸을 실었다. 시애틀 공항을 통해 처음으로 미국 땅을 밟은 나는 물어물어 다시 미니애폴리스를 가는 국내선 비행기로 갈아탔고, 거기서 다시 캔자스시티를 가는 비행기로 갈아탔다. 탈 때마다 비행기는 작아져서 세 번째 비행기는 50인승 정도의 소형 비행기였다.

캔자스시티 공항에 내려 로렌스라는 도시를 찾아가는데 우리나라처럼 직행버스나 전철이 있는 것이 아니었다. 겨우겨우 귀동냥을 해서 셔틀이 다닌다는 사실을 알아냈다. 셔틀이라고 해서 큰 버스인 줄 알았다. 하지만 나중에 알고 보니 그것은 개인업체가 운행하는 9인승짜리 승합차였다.

다행히 한국학생 유니언에서 선배 유학생 부부가 차를 가지고 나와 주어 그 편으로 로렌스까지 가게 되었다. 그러나 그 전에 이미 나는 문화충격과 언어충격을 다 받은 상태였다. 큰 가방을 끌며 공항을 누비고 다니면서 사람들에게 말을 걸면 상대방은 내 말을 잘 알아들었지만, 나는 상대방의 말을 알아들을 수 없다는 것이 문제였다.

처음에는 귀가 아파서 그러는 줄 알았다. 장시간 비행기를 타고 온 탓에 실제로 귀가 멍멍했다. 그리고 공항의 소음 속에서 상대방의 음성이 제대로 들리지 않았던 탓도 있었다. 하지만 학교에 도착하여 모든 수속을 마치고 기숙사에 자리를 잡은 지 일주일이 지났는데도 영어 알아듣기는 좀처럼 나아질 기세를 보이지 않았다.

하루는 수업을 마치고 기숙사로 돌아와 8층에 있는 내 방에 가기 위해 1층 로비에서 엘리베이터를 탔다. 문이 열려 있는 엘리베이터 안으로 들어가면서 문을 닫으려고 하는데 두 명의 미국 남녀 대학생들이 안으로 들어왔다. '하이' 하고 인사를 나누고 나는 8층을 눌렀는데 그들은 7층을 눌렀다. 엘리베이터는 이유도 없이 3층에서 한번 문이 열리더니 스르르 다시 문이 닫히면서 위층으로 올라갔다. 그렇게 7층까지 가는 데 아마 1분이 조금 못 걸렸을 것이다. 그러는 동안 내내 애인 사이인 듯한 두 학생은 가까이 붙어 서로 속닥속닥 얘기를 나누고 있었다.

그들이 무슨 얘기를 나누는지 궁금해서 쫑긋 귀를 기울여 들어보았다. 하지만 엘리베이터 문이 열리고 그들이 사라져 갈 때까지 그들이 나눈 대화를 나는 단 한마디도 알아듣지 못했다. 높은 TOEFL 점수를 받았고, 발음이 좋다고, 마치 미국인처럼 말한다는 칭찬을 들어서 내가 영어를 잘하는 줄 알았었는데 조용한 엘리베이터 안에서 두 미국 학생이 나눈 대화를 단 한마디도 알아듣지 못했다는 것은 내게 정말 충격이었다.

차분히 이유를 분석해 보았다. 그 결과 듣기의 난점은 내가 그때까지 배워왔던 교과서적인 영어와는 달리 현지 미국인들은 연음을 많이 사용하고, 대부분 단어의 발음을 분명하게 하지 않고 얼버무리는 경향이 있으며, 특히 슬랭화된 관용 표현들을 많이 사용해서 내가 접해보지 않은 표현들이 자주 사용되고, 이들의 사고방식이나 생활방식을 잘 몰라서 어떤 상황에서 대개 어떤 얘기들을 나누는지에 대해서 사전지식이 없다는 것들이 대체적인 이유였다.

일례를 들자면 미국 학생들은 '식사했니?'라는 말을 '쥐췟?'이라고 했다. 나중에 알고 보니 이것은 'Did you eat yet?'을 뭉뚱그려 발음하는 것이었다. 모든 발음이 이렇게 뭉뚱그려지는 것은 아니지만 표현을 이미 알고 있는 경우가 아니면 알아듣기 힘든 식의 발음을 하는 경우가 많았다.

가장 많이 듣게 되는 인사말에 '왓삽 맨?'(What's up, man?)이 있었는데 당시 내 영어지식 속에는 이런 슬랭 인사가 들어 있지 않았다. 그래서 이 인사에 대해 사람들이 어떻게 대답하는가를 배우려고 다른 사람들의 대답에 귀를 기울여 보았다. 하지만 '낫 마취'(Not much) 혹은 '낫띵 마취'(Nothing much)라고 하는 그 간단한 대답을 알아들을 수 없었다. 발음이 너무 불분명해서 내가 이 표현을 모르고 있는 상태에서 이 표현을 정확히 알아들을 수가 없었다.

그러나 한 달, 두 달, 한 학기, 두 학기 시간이 지나면서 연음에 대한 감각이나 슬랭 표현들에 대한 이해가 좋아지기 시작했고, 초기에 받은 충격은 다소 완화되어 갔다. 하지만 마음이 급한 만큼 실력이 곧바로 늘지는 않았다. 영어습득, 특히 구어영어 습득은 내게는 정말 많은 시간을 요하는 일이었고, 지금 와서 돌이켜보니 그것은 거의 평생이 걸리는 일이었다.

이 사실을 미리 알았더라면 좀 더 열심히 대처했을 것이고, 좀 더 여유를 가지고 장기적으로 대처할 수 있었을 테지만 그 당시에는 그런 사실을 전혀 알지 못했다. 그래서 많은 시행착오를 겪었던 것 같다.

이렇게 어려운 과정을 통해 배운 내 영어를 미국이 아닌 다른 지역에서 온 영어화자들이 듣고 내 영어를 미국영어라고 규정하는 경우를 여러 번 보았다. 나도 모르게 내가 미국표준영어를 습득한 모양이었다.

수년 전 주요 영연방국가에서 공동으로 실시하는 IELTS(International English Language Testing System)라는 영어시험을 본 적이 있었다. 말하기와 쓰기가 포함된 포괄적인 영어능력시험이다. 이 시험을 호주 대사관에 가서 치렀는데 가장 인상에 남는 일은 말하기 인터뷰 시험이었다.

오전에 듣기와 읽기 그리고 작문 시험을 보고 오후에 말하기 시험을 보았다. 오전 시험을 마치고 맥도널드에 가서 햄버거로 점심을 떼우며 한 시간 정도 앉아 있는 동안 내내 머릿속으로는 오후에 있을 인터뷰 시험을 준비했다. 가상 질문을 생각해내어 그 질문에 대한 내 대답들을 머릿속에 차곡차곡 정리해 나갔다. 미국에 있을 때 교수님이나 행정직원과의 면담을 준비할 때마다 해오던 내 나름대로의 말하기 준비방식이었다.

하지만 일단 인터뷰에 들어가자 내가 준비한 모든 대답들은 허사로 돌아갔다. 면접관은 호주사람이었는데 결코 내가 예상한 질문들을 하지 않았다. 그때그때 임기응변으로 답할 수밖에 없는 질문들이었다. 그럼에도 불구하고 여러 가지 시나리오를 예상하며 머릿속 도상훈련을 했던 것이 답변하는 데 적잖은 도움이 되었다.

일단 영어로 사고하고 영어로 정보를 처리하는 세팅이 이루어져 있어서 실시간 영어 질의응답에 대한 순발력이 생겼다. 아마 이런 점을 간파한 듯 10분 남짓 계속된 인터뷰에서 면접관은 내게 갈수록 우호적인 태도를 취했다. 나중에는 호주에 가면 어떤 도시를 가고 싶냐고 물어와 시드니나 멜버른에 가고 싶다고 했더니 멜버른에 가면 자기 친한 친구가 있다고 하면서 원하면 그 친구의 이메일 주소를 알려 주겠다고 했다.

그런데 그 '이메일'이라는 영어의 발음이 너무도 특이했다. 면접관은 이 발음을 정확히 '이마일'이라고 발음하고 있었다. 처음엔 이게 도대체 무슨 말인가 하고 의아해 했지만 호주영어에서는 '투데이'를 '투다이'로 '먼데이'를 '먼다이'로 '굳데이 메이트'를 '구다이 마잇'으로 발음한다는 사실을 알고 있었기에 곧바로 '이메일'을 그렇게 발음하는 것으로 이해했다.

그럼에도 불구하고 그날 면접관에게서 직접 듣게 된 '이마일'이란 발음은 내게는 아직도 여전히 충격으로 남아 있다.

우리는 이제 지구촌 시대를 맞고 있고 젊은이들은 갈수록 더 좁

아진 세상에서 살아가게 될 것이다. 미국표준영어에만 안주하며 영어를 배우기에는 모든 것이 너무 빠르게 변하고 있다. 이제는 각 권역의 지역영어 특성들도 함께 배우면서 '세계표준영어'를 생각해야 할 때가 되었다고 믿는다.

24. 자본주의와 영어: 영어는 정말 경쟁력인가?

덴마크의 시인 마리안 라르센(Marianne Larsen)은 "자본주의에서는 언어를 뭐라 하는가?"라는 제목으로 다음과 같은 시를 썼다.

언어가 만일 포유류라면
사람들은 '새끼가 있을까?'라고 묻겠지.

언어가 만일 관목이라면
사람들은 '어떤 토양이 좋을까?'라고 묻겠지.

언어가 만일 새라면
이렇게 묻겠지.

'새끼들을 돌볼 이보다 더 시적이고 논리적인 방법은 없을 거야.'

자본주의 사회에서는
이렇게 말한다.

'그것의 감가상각비가 어떻게 되지?'

포유류나 관목이나 새처럼 생태학적 본질을 가진 언어를 이윤창출을 위한 도구나 생산 또는 재생산의 도구, 혹은 자본의 투자와 생산의 결과로 나온 재화나 제품으로 인식하려 드는 현대인의 자본주의적 습성을 살짝 꼬집고 가는 듯한 시다.

이 시가 아니라 하더라도 우리는 영어를 공부하면서 내가 투자한 시간과 돈을 과연 건질 수 있을까 하는 자본주의적 재무제표나 손익계산서 같은 물음을 던진다.

같은 논리선상에서 교육정책의 입안자나 실행자들은 영어를 잘하는 것이 과연 경쟁력이 될 수 있을까를 따진다.

결론은 이미 나와 있다. 영어를 잘하면 개인적으로나 국가적으로 경쟁력을 가질 것이라고 우리는 믿는다. 너무 명백한 사실이기 때문에 이렇다 할 의문을 제기하지도 않는다. '만약 영어에 경쟁력이 없다면 그렇게 많은 사람들이 영어공부에 열을 올릴까?' 하는 생각을 우리는 한다.

그러나 조금만 더 깊게 들어가 보면 이 문제는 그렇게 간단하지도, 명확하지도 않다.

첫째로, 우리는 영어가 '누구의' 경쟁력인가를 물을 수 있고, 다음으로 '누구를 위한' 경쟁력인가를 물을 수 있다. 이 질문에 대한 대답은 결코 쉽지 않다.

우리 모두가 알고 있듯이 언어는 사회적 활동의 일환이며, 복잡한 사회관계의 시스템으로 들어가기 위한 으뜸가는 도구이며 보조수단이다. 모국어는 아니지만 주요 외국어로 배우는 영어도 마찬가지다. 영어 역시 영어를 사용하는 사회의 복잡한 관계의 시스템으로 들어가는 도구다. 그 시스템으로 들어가는 우리는 당연히 그 사회의 '신참'이 된다.

여기에는 여러 가지 문제가 얽혀 있다. '신참'이 고참이 되려면 톡톡한 대가를 치러야 하고, 세월이 흘러 고참이 되었다 한들 예전의 삶을 살 수는 없다. 이미 새로운 문화에 노출되어 변해버린 자신을 대해야 하기 때문이다.

기오라(Guiora)는 이것을 '언어자아'(language ego)라는 말로 표현했다.

우리는 모국어를 배우면서 한국어 자아를 습득했고, 영어를 배우면서 영어자아를 습득하게 된다. 이 두 자아는 학습자의 내면에서 충돌할 수밖에 없다. 이 충돌을 얼마나 잘 극복하느냐 하는 것이 최종적인 영어습득에 중요한 변수가 된다. 2005년 4월부터 쓰기 시작한 내 영어일기를 보니 이런 고민이 잘 나타나 있다. 다음은 쓰기 시작한 첫날 일기 내용이다.

Wednesday, April 27th, 2005 Fine

It's another gorgeous spring day. The air is warm, balmy and crisp. But today is even more special because I have decided to keep a diary. I'll write this diary in English, my second language. The reason I do this is that I hope to do something about the gradual weakening, the apparent attrition of my L2 skills. I'm thinking about code-switching therapy. I hope keeping this English diary will empower my English self, improve my ability in recollecting L2 words and expressions. As a language instructor, I'm well aware of the importance of practice, as well said in the maxim "Practice makes perfect." But deeper in my psyche, I want to proceed a little further: I'm going to discover how far I could go with my second language. I don't want to feel as if I come short of something every time I use my second tongue. I'm anxious to expand my linguistic horizon; otherwise, I know, I feel pretty sure, I will permanently remain in an unfinished linguistic life. That's what I can't abide by nor be satisfied with. I'll keep this diary on day-to-day basis. I hereby make a promise to myself by the name of my person and of my self.

우리말로 옮기자면 다음과 같다.

2005년 4월 27일 수요일 맑음

오늘도 화창한 봄날이다. 공기가 따스하고, 향긋하고, 상쾌하다. 그러나 오늘은 내가 일기를 쓰기로 했기 때문에 더욱 특별한 날이다. 일기를 쓰는 이유는 내 제2언어 실력이 점점 약해지고 마모되는 것처럼 보여서 이에 대한 대책을 세우길 바라기 때문이다. 코드전환 치료법을 생각하고 있다. 영어일기를 쓰게 되면 내 영어자아가 강해지고, 영어 단어와 표현을 회상하는 능력이 좋아지길 바란다. 언어교사로서 나는 '연습 외엔 길이 없다'는 속담에 잘 나와 있듯이 연습이 중요함을 잘 알고 있다. 하지만 마음속 깊이 원하는 것은 좀 더 나아가서, 나의 두 번째 언어로 내가 어디까지 갈 수 있는가를 보고 싶다는 것이다. 두 번째 말을 사용할 때마다 무언가 부족감을 느끼는 것이 싫다. 나의 언어지평을 넓히고 싶은 마음이 간절하다. 이렇게 하지 않으면 틀림없이 나는 영원히 미완결의 언어생활을 하게 되고 말 것이다. 이런 것은 견딜 수도, 만족할 수도 없는 일이다. 매일같이 이 일기를 써나갈 것이다. 내 인격과 내 이름을 걸고 나 자신에게 약속한다.

이렇게 두 번째 언어자아, 즉 영어자아를 키워나간다는 것은 쉽지 않은 일이며 첫 번째 언어자아에 위해를 가할 수도 있기에 상당한 타협과 결심을 필요로 하는 일이다. 한국어 화자로서 영어 화자로 동시에 살아간다는 것은 계속적인 심리적 갈등의 요인이 될 수 있다. 그 이유는 '신참'이 '고참'이 될 수는 있지만 '고참'으로서 그 사회에 계속 머무를 것이냐 하는 것은 또 다른 선택이 되기 때문이다. 대개는 다시 예전의 사회로 돌아오게 되고 그러면서 자연스럽게 새로 배운 언어능력은 마모나 훼손이 일어나게 된다.

영어를 사용하는 사회로 들어갈 때 또 하나의 문제는 그 사회가 본질적으로 영어를 사용하는 사람들의 권익을 지키기 위한 사회라는 점이다. 그래서 영어의 경쟁력은 자칫 잘못하면 원어민 영어화자들과 그들의 사회의 권익을 옹호하고 그 권익에 봉사하는 경쟁력일 수 있다.

'해방 언어학'(emancipatory linguistics)을 부르짖는 야콥 메이(Jacob Mey)에 의하면 언어는 사회의 추악을 가리는 스크린이나 베일이다. 이 스크린이나 베일을 벗지 않으면 우리는 언어를 지배하는 사회의 압제로부터 벗어날 수 없다고 그는 주장한다. 언어는 자본과 권력의 시녀이기 때문에 그렇다는 것이다.

어쨌든 이 모든 것들이 맹목적인 영어 경쟁력을 신봉할 수 없는 이유가 된다. 하지만 우리는 모두 보다 나은 삶을 위해서 영어공부에 매진하고 있다. 투자 대비 효율을 믿기 때문이고, 영어의 경쟁력을 믿기 때문이다. 이것은 부인할 수 없는 현실이기도 하다. 영어를 제대로 배워 유용하게 쓰기 위해서는 현실을 직시할 필요가 있을 것이다.

로빈 레이코프(Robin Lakoff)에 의하면 언어는 그것이 변화를 일으키는 힘을 가졌다는 점에서 권력이다. 사회도 언어를 통해 우리를 조작하지만 우리도 언어를 통해 조작을 한다. 그래서 우리의 모든 활동은 정치적이라고 그는 보고 있다. 특히 그는 여성 차별적인 언어들과 하층계급을 차별하는 언어들을 순화시켜 나감으로써 우리 모두가 올바른 '정치'를 할 수 있다고 믿는다.

비유컨대 영어는 양날을 가진 검이다. 검법을 잘 배워서 유용하게 쓸 수도 있고, 선불리 다루다가 내가 피를 볼 수도 있다. 그리고 양날을 가진 검이 무사(武士)의 경쟁력일 수 있듯 영어도 국제무대에 나가는 우리 모두의 경쟁력일 수 있다.

대학 3학년생인 한나는 이번 겨울방학에 아르바이트로 필리핀 어학연수 캠프 인솔교사로 다녀왔다. 60명 남짓한 초등학생과 중학

생으로 이루어진 캠프 참가자들의 잠자리와 식사, 위생 등을 돌보는 일을 4명의 인솔교사가 맡게 되었다.

세부 공항에 도착한 첫날 아이들을 돌보느라 경황이 없어서 한나를 포함한 또 한 명의 인솔교사가 공항 검색대에서 출입국 스탬프를 받지 못한 채 호텔로 이동했다. 마지막 비행기였는데 모두들 입국수속을 밟은 것으로 착각하고 공항 직원들이 퇴근을 해버렸기 때문에 빚어진 일이었다.

이틀 뒤 다시 공항을 찾아간 한나 일행은 무사히 출입국 스탬프를 찍을 수 있었다. 그러나 사전에 알아보니 이것은 결코 간단한 문제가 아니었다. 그 사람들이 불법입국자로 몰아 구금할 수도 있는 일이었기 때문이다. 다행히 영어가 유창한 한나가 실력을 발휘하여 위기를 모면할 수 있었다고 한다.

캠프에 참가한 아이들은 주중에는 매일 Clever Learn English Institute라고 불리는 영어학원에 7시간 동안 수업을 받기 위해 버스를 타고 통학했다. 수업은 1 : 1 회화 및 작문 수업과 1 : 4 혹은 1 : 8로 이루어지는 문법, 독해 수업이 의사소통 게임이나 과업 해결 등의 방법으로 진행되었다.

수업을 진행하는 교사들은 모두 TESOL 자격증과 영어권 국가에서의 교육경력을 가지고 있는 필리핀 대학 졸업자들이었고, 완벽하다고는 볼 수 없지만 모두 영어회화 능통자들이었다고 한다.

그러나 그것보다 더 중요한 것은 숙소나 학교 주변에서 대부분의 사람들이 일단 영어 의사소통이 되는 환경이다 보니 열심히 참여한 아이들의 경우 회화와 작문이 많이 늘게 되었다. 매일 영어로 일기를 쓰고, 교사에게 편지를 써서 지도를 받고, 학예발표회 등을 통해 자신들이 준비한 영어문장으로 발표도 하는 등 우리나라에서보다는 영어로 실감나는 의사소통을 하게 되니 자연히 그렇게 되었다.

이들이 공부한 영어학원에는 일본이나 대만 학생들도 와서 공부하는 등 필리핀에서는 정책적으로 영어를 국부를 창출하는 산업으로 키우며 지원하고 있었다. 따져 보면 이러한 어학연수 캠프 참가자들은 관광객들보다도 훨씬 더 많은 기여를 한다. 두 달 동안 호텔에 투숙하여 호텔 종업원들을 먹여 살리고, 관광지들을 탐방하여 그곳의 종사자들을 먹여 살리고, 영어학원 직원들에게 수입을 안겨주기 때문이다.

이런 점에서 보면 필리핀의 영어교육은 우리보다는 실속이 있고, 영어경쟁력 측면에서 우리보다 한발 앞서 가고 있는 것이 분명하다. 물론 다언어 국가라서 사회를 통합할 수 있는 보조언어가 필요하고, 40여 년간 미국의 식민지배를 받는 과정에서 자연스럽게 영어가 이 역할을 하게 되었다는 것이 우리와 역사적 배경이 다르다는 점에서 단순비교를 하기란 어렵지만 말이다.

네 명의 인솔교사 가운데 필요한 물품의 조달, 호텔 서비스와 관련된 문제, 필리핀 교사들과의 협조, 병이 난 아이들을 병원에 데리고 가 진료를 받게 하는 일 등 현지인들과 의사소통을 할 때 필요한 영어능력을 갖춘 사람은 한나가 유일했다. 그리고 그런 한나의 영어경쟁력 덕분에 일행은 필리핀에서 편안하고 안락한 생활을 즐길 수 있었다.

다른 인솔교사들은 다들 나름대로의 서로 다른 전문적 식견과 기술을 보유하고 있었고, 이것이 팀이 원활하게 굴러가는 데 큰 도움이 되었다. 이런 점에서 본다면 모든 젊은이들이 모두 다 똑같이 영어를 잘할 필요는 없는 것 같다. 생존에 필요한 영어능력은 갖춰야 하겠지만 구체적인 의사소통 기능은 팀원 중 한 명 정도만 발휘할 수 있어도 팀 전체의 경쟁력, 즉 팀이 활동하여 얻을 수 있는 경제적 성과를 기준으로 했을 때의 경쟁력은 결코 낮지 않다는 것이다.

기업에서도 모든 직원들이 평범하게 조금씩 잘하는 것보다는 뛰어나게 잘하는 몇 명을 가지는 것이 경쟁력을 높이는 데 오히려 더 큰 도움이 되지 않을까 생각해 본다.

25. 영어교육정책: 덧셈을 할 것인가, 뺄셈을 할 것인가

영어의 가장 큰 특성은 습득의 어려움이다. 모국어와의 차이가 큰 외국어라서 학습에 어려움을 준다는 점 외에도 부정적 영향을 주는 변수들이 너무나 많다는 것이 그 원인이다. 이미 살펴본 바와 같이 교사, 학습자, 언어환경, 학습과정 등 전체 변수들의 가짓수가 20을 넘고, 이 중 몇 개만 부정적으로 작용해도 영어습득은 한국어를 모국어로 영어를 배우는 우리들에게는 정말 배우기 어려운 외국어가 되고 만다.

그러나 영어가 세계화 시대의 보편어가 되었고 이 지위는 당분간 변하지 않을 듯하기에 그 모든 어려움에도 불구하고 우리는 영어를 잘하지 않을 수 없다. 여기에 교육정책을 입안하는 정부당국의 고민이 있는 듯하다. 또 거의 평생을 바쳐 영어를 공부하는데도 별 효과가 없는 것을 보고, 그래서 국력이 지나치게 낭비되는 것을 보고 소설가 복거일 씨 같은 분은 일찍이 영어공용화론을 제기했다.

하지만 영어공용화론은 영어습득의 복합성이나 본질적 어려움을 간과한 채 하향식 국가정책에 의해 모든 문제를 일거에 해결할 수 있을 것이라고 믿는 획일주의적 방법론이다. 다원주의적 특성을 가지고 있는 오늘날의 시대적 요구에 부응하는 인재를 길러내려면 영어과목뿐만 아니라 교육 전반에서 다양한 기능을 발휘하는 창의적 인재를 길러내는 것이 급선무이며, 이런 인재는 개인차를 존중하지 않고 마치 공장에서 다량으로 표준규격의 제품을 생산하는 식의 교육으로는 도저히 길러낼 수 없다는 것이 이미 교육학자들에게는 합의가 이루어진 사항이다.

예전의 교육에서는 학습자가 보이지 않았고 잘 볼 필요도 없었다. 미리 재단된 교육의 틀에 맞춰 넣으면 되었으므로 학습자는 '물'이었고 '투명인간'이었다. 그러나 현대교육에서는 가장 중요한 변수로 학습자를 꼽는다. 학습자가 준비되어 있지 않다면, 학습자가 진정으로 원하지 않는다면 아무리 좋은 교육정책이라 하더라도 성공할 수 없다는 것이다. 교사는 단지 도움을 줄 수 있을 뿐이며 학습 자체는 학습자의 머리와 가슴속에서 일어난다.

미국의 언어교육정책은 명목상 이중언어교육(Bilingual Education) 정책이다. 그러나 이 교육정책이 실효를 거두지 못했다고 때늦은 후회를 하고 있다. 이민자들이 가지고 들어온 그 엄청난 언어자원(language resource)들—여기서 '자원'이란 천연자원의 '자원'과 같은 말이다—을 개발하지도, 유지하지도 못하고 모두 다 낭비하고 말았다는 것이다. '오직 영어'(English Only) 하나면 된다는 사고가 정책입안자들뿐만 아니라 사회 전체에 팽배해 있었고, 그래서 결국은 '거의 날마다' 이민자들이 모국어를 버리도록 부추겨 왔다고 반성한다.

그래서 소 잃고 외양간 고치는 식으로 이제는 '영어 마이너스 모국어'의 뺄셈 언어정책이 아니라 '모국어 플러스 영어'의 덧셈 언어정책을 시행하려 하고 있다. 한 예를 들어보면, 이민자 학생들과 원어민 미국 학생들이 50 : 50 정도의 비율로 서로의 언어로 과목수업을 하는 외국어 몰입교육(Foreign Language Immersion)에 참여한다.

이민자 학생들은 모국어로 과목을 배우니 이해하기 쉬워서 좋고, 원래 미국 학생들도 높은 수준의 언어입력을 받으며 외국어를 배울 수 있으니 일석이조가 아닐 수 없다. 통계를 내본 결과 이민자 학생들의 각 과목 성적은 이와 같은 '양방향 이중언어교육'(Two-way Bilingual Education)을 받을 때 가장 높았다고 한다.

커민스(Cummins)는 모든 제2언어 교육 프로그램은 이중언어교육을 목표로 해야 한다고 역설한다. 여기에는 한 언어의 문턱(threshold)을 넘으면 다른 언어의 문턱을 넘기도 쉽다는 전제가 깔려 있다.

영어몰입교육을 정책으로 입안하기 전에 우리는 먼저 더 큰 틀에서의 우리의 언어교육정책을 어떻게 가져갈 것인지를 결심해야 한다. 영어로 수학을 가르치고, 영어로 지리를 가르치고, 영어로 체육이나 예능을 가르치는 일은 영어를 습득하는 데는 분명히 긍정적 역할을 할 것이다. 하지만 수학이나 지리 과목의 성적이 과연 낮아지지는 않을까를 염려하지 않을 수 없다. 말레이시아의 영어몰입교육이 바로 이런 문제를 안고 있다는 사실을 우리는 간과하지 말아야 한다. 일찍부터 영어를 공용어화하여 영어교육 인프라를 구축해온 싱가포르조차 진정한 영어 경쟁력을 갖추기 위해서는 세계표준 영어의 낮은 문턱이 아닌 높은 문턱을 넘어야 한다는 관점에서 종래의 싱가포르식 영어 가지고는 안 되겠다는 반성이 일어나고 있다.

무엇보다도 학생들과 학부모들이 준비가 되어 있지 않기 때문에 지금도 문제가 되고 있는 영어격차(English Divide), 즉 빈부격차로 인한 영어 교육기회 수혜상의 격차가 더 골이 깊어질 가능성이 높다. 무리하게 몰아붙인다면 득보다는 실이 클 것이 뻔하다.

더욱이 문제가 되는 것은 지나친 영어교육 열기로 인한 국어교육의 위축 가능성이다. 우리에게 우리말은 단순한 언어가 아니라 우리와 우리 조상들의 혼이 깃들어 있는 역사적 산물이고 문화적 자산이며 정신적 지주다. 우리말이란 동질성을 상실한다면 과연 우리가 하나의 민족으로 기능할 수 있을까? 그럴 수 없다고 본다. 세계에 기여할 수 있는, 그리고 우리가 영원히 살아갈 수 있는 우리의 민족적 가치와 창의성은 우리말에서, 즉 모국어 사고 속에서 나온다. 모국어를 버리는 순간 우리는 정말 장구한 세월 동안 진화·발전시켜 온 우리의 고유한 가치를 버리는 것이다.

영어의 보편어 지위는 영원한 것이 아니다. 한 세대쯤 후에는 동아시아 지역의 보편어로 중국어가 영어를 대신할지도 모른다. 길어보았자 30년 남짓한 편익을 누리고자 우리는 반만년의 유구한 역사와 전통을 우리 후손들의 진(gene)에서 빼셈을 해주는 우를 범해서는 안 될 것이다.

우리의 영어교육정책은 그래서 덧셈을 하는 이중언어교육이 되어야 한다. 영어만 잘해서는 안 되고 우리말도 함께 잘해야 한다는 사실을 정책적 차원에서 분명히 천명해야 한다. 두 마리의 토끼를 잡기가 어렵다면 당연히 보조언어인 영어의 문턱을 낮추어야 한다. 대부분의 가치창출이 우리말과 우리 고유의 가치와 우리의 진(gene)에서 나올 것이기 때문이다. 영어도 경쟁력이지만 우리말은 더 큰 경쟁력이다.

피터는 미국 뉴저지 주 테너플라이(Tenafly) 시에 있는 중학교 3학년에 재학 중인 교포 학생이다. 미국에서 출생했지만 부모가 한국으로 돌아와 취업하는 바람에 서울 용산의 국제학교에서 초등교육과정을 마치기도 했다. 그는 중학교 과정부터는 다시 미국으로 돌아가 미국 현지에서 교육을 받고 있다.

피터는 여름방학이 되면 부모가 있는 한국으로 다시 돌아와 지내는 '기러기' 아들이다. 나는 작년 여름 그가 한국에 머무는 동안

리딩 리스트(reading list)의 책을 읽는 방학숙제를 도와주었다. 리딩 리스트에는 중학교에서 읽어야 할 책들이 수십 권 소개되어 있었다. 우리는 시내 서점을 돌아다니며 리스트에 나온 책들을 구했다. 책이 없을 때는 비슷한 내용의 책으로 대치했다.

그렇게 해서 읽기 시작한 것이 *The Kite Fighters, The Alchemist, A Wizard of Earthsea, Life of Pi*와 같은 책들이다. 이 중 『연싸움꾼』은 조선 시대 왕궁에서 열린 연싸움 대회에 나가 가문을 빛낸 두 형제 이야기로 교포작가 린다 수 박의 작품이었고, 파울로 코엘료의 『연금술사』는 바라던 것을 손에 넣기 위해 기약 없는 모험의 길을 떠난 한 젊은이의 이야기였다. 『어스시의 마법사』는 어슐러 르 귄의 고전적인 판타지 소설이고 『파이 이야기』는 태평양 한가운데서 벵갈 호랑이와 함께 조난당하게 된 한 인도 소년의 이야기로 얀 마텔의 우화소설이었다.

우리는 이 책들을 함께 읽어가면서 한 주에 두세 번씩 만나 내용에 대해 토론했고 다 읽고 나서는 전체 내용과 형식에 대해 토론했다.

우리가 함께 읽은 책 외에도 피터는 그가 가지고 있는 다른 책들을 읽었다. 놀라운 것은 그의 영문을 읽는 속도였다. 재미만 있으면 그는 거의 하루에 한 권씩 책을 읽었다. 영문을 읽는 훈련이 비교적 잘 되었다고 생각하는 나도 따라가기 힘든 속도였다. 미국의 초중등교육에서 자세히 읽기보다는 많이 그리고 넓게 읽기를 강조한다는 말이 실감났다.

물론 피터의 작품에 대한 감수성이나 분석능력은 그리 뛰어나지 않았다. 많이 그리고 빨리 읽긴 하지만 깊이까지 담보되지는 않았다. 그리고 그의 읽기는 철저히 재미를 기반으로 한 읽기였다. 만약 재미가 없으면 동기부여가 잘 되지 않았고, 한 권을 완독하는 데 일주일 하고도 여러 날이 걸렸다. 한마디로 기복이 심했다.

또 하나의 문제는 우리말 실력이었다. 어린 시절의 대부분을 한국에서 보냈기 때문에 가끔씩 발음이 이상하긴 하지만 우리말을 이해하는 데는 별 문제가 없었다. 하지만 '해거름' '봄나들이' '장바구니' 같은 우리말 기본 단어들을 모르고 있었다. 그의 우리말 실력은 시간이 갈수록 더 약화될 것 같았다.

그의 정체성이 궁금해진 나는 피터에게 넌지시 물어보았다. "Peter, I wonder if you think you're Korean or if you think you're American." (피터야, 난 네가 자신을 한국인이라고 생각하는지 아니면 미국인이라고 생각하는지 궁금해.) 그러자 피터는 잠시 고민하는 듯하더니 "I think I'm American"이라고 대답했다.

그래도 내심 "I think I'm Korean"이라는 대답을 기대했는데 다소 실망한 나는 좀 강경하게 이렇게 말해 주었다. "Peter, I don't think you're 100% American. Physically, you're 100% Korean. Mentally, I think you're maybe 60% American, 40% Korean. But you know what? I hope that you will grow and feel proud of yourself being Korean." (피터야, 난 네가 100% 미국인이 아니라고 봐. 신체적으로 넌 100% 한국인이고, 정신적으로 아마 60% 미국인, 40% 한국인일 거야. 그런데 있잖니? 난 네가 자라서 한국인인 자신을 사랑스럽게 느끼길 바라.)

그러나 그 말을 듣고도 이렇다 할 표정이 없었다. 난 그에게 "Why don't you follow me? I'll show you something on my computer"라고 말하면서 그를 내 컴퓨터 앞으로 데리고 갔다. 컴퓨터에는 일제시대 독립운동과 관련하여 내가 갈무리해 둔 사진 파일들이 있었다. 나는 그에게 그 사진 파일들을 보여주면서 일제 강점기에 우리 선조들이 어떻게 시련을 극복하며 독립의 꿈을 일궈왔고, 그 꿈과 노력의 결과로 어떻게 오늘날 우리가 독립국가로 번영을 누리며 살게 되었는가를 간략히 설명해 주었다.

태어나서 한번도 받아본 적이 없는 역사교육을 그는 받은 셈이었다. 진지한 태도로 내 설명을 듣고 있던 그를 보고 나는 말을 마치며 물었다. "What do you think about all these freedom fighters and stuff?"(이런 독립운동을 하신 분 등에 대해 어떻게 생각하니?) 그러자 피터는 대답했다. "I'm impressed."(감명받았어요.)

피터가 미국으로 돌아가기 얼마 전날 나는 그에게 내가 쓰던 합죽선을 선물로 주었다. '딱!' 소리를 내며 한번에 합죽선을 펼치고 개는 것을 그가 신기하게 여겼기 때문이었다. 합죽선을 주면서 그에게 한번 소리를 내며 펼치고 개보라고 했더니 여러 번 시도한 끝에 마침내 한번에 그 부채를 펴고 닫을 수 있게 되었다. 미국에 돌아가 친구들 앞에서 시범을 보여주라고 귀띔해 주었다. 함박만 한 미소를 짓는 그의 얼굴을 보니 내 마음도 흐뭇했다.

피터는 이제 다시 미국으로 돌아갔다. 당분간은 한국에 나오지 않는다고 한다. 그럴수록 그의 우리말 실력은 퇴보할 것이다. 뺄셈 이중언어교육을 하는 그의 학교의 교육정책 덕분이다. 만약 어렵게 익힌 우리말 실력을 그가 성인이 될 때까지 유지·발전시켜 줄 수 있다면 좋으련만 피터의 경우에 그 꿈은 실현되기 어려울 듯하다.

26. 우리는 모두 언어천재, 언어의 레인맨(Rain Man)이다

더스틴 호프만이 주연한 영화 "레인맨"에서 보면 이상천재(autistic savant)인 "레인맨"이 흐트러진 성냥 개피를 보고 그것이 전부 몇 개인지를 정확히 알아맞히는 장면이 나온다. 형의 초능력을 알아낸 동생 찰리는 함께 라스베가스 도박장으로 가서 블랙잭 노름을 통해 큰돈을 따기도 하지만 형에게 애정을 느끼게 된 동생은 형을 이용하려는 생각을 버리고 형의 마음을 편안하게 해주는 보호자로 돌아선다는 것이 이 영화의 휴머니즘이다.

미술, 음악, 기억력, 계산 등의 영역에서 초능력을 보이는 이상천재들은 이를테면 수많은 꽃들이 피어 있는 들판의 꽃들을 보면서 아름답다는 생각을 하는 것이 아니라 15,498송이의 꽃이 피어 있다고 생각한다. 어느 이상천재는 헬리콥터로 런던 시내를 한 바퀴 돌아보고 난 후 집 한 채, 나무 한 그루 틀리지 않고 세부내용을 기억해냈고, 이것을 그림으로 표현했다고 한다.

진화생물학자 테렌스 디컨(Terrence Deacon)에 따르면 우리는 모두 언어의 이상천재, 언어의 레인맨이다. 다른 동물들은 엄두도 내지 못 하는 일을 모든 인간은 척척 해내기 때문이다. 그것이 바로 언어라는 능력인데 이 언어 능력은 그 본질이 상징을 사용하는 능력이다.

침팬지와 같은 유인원이 상징을 사용하는 능력을 배울 수 있을까? 많은 유인원들에게 실험 삼아 언어를 가르쳤지만 지금까지 상징을 사용하는 능력을 얻는 데 성공한 유인원은 보노보(bonobo)라 불리는 피그미 침팬지 종이다. '칸지'(Kanzi)라는 이름의 이 보노보는 언어훈련을 받던 어미에게 딸린 새끼였다.

어미는 아무리 공을 들여도 인간의 언어를 이해하는 문턱을 뛰어넘지 못했지만 새끼였던 칸지는 옆에 있으면서 마치 인간의 어린 아이들처럼 쉽게 상징의 문턱을 뛰어넘었다. 칸지는 단 한번도 문법을 배운 적이 없었지만 행위-대상, 행위자-행위 등의 기본문법을 어느 순간 습득했고, 그 결과 "배수구에 가서 거북이들을 찾아보자"(Let's go to the gullywashers and look for turtles)는 말을 정확히 알아듣고 행동으로 옮기곤 했다.

엘리사 뉴포트(Elissa Newport)는 이것을 "못 배우는 것이 더 배우는"(less is more) 역설이라고 부른다. 어린 아이들이 쉽게 언어를 터득하는 것도, 칸지가 더 쉽게 상징의 문턱을 뛰어넘은 것도 다 작게 혹은 더 조잡하게 시작해서 더 잘 배우는 이 역설을 증명해 주는 예가 된다는 것이다.

이것은 우리 인간에게 언어를 배울 수 있는 선천적인 언어습득 장치가 내장되어 있다는 선천주의자(Innatist)들의 가설이나 사춘기 이전까지의 어린 아이들에게 이런 언어습득 능력이 나타났다가 결정적 시기가 지나면 언어습득 능력이 서서히 사라진다는 '결정적 시기 가설'(Critical Period Hypothesis)과는 입장이 다르다.

'못 배우는 것이 더 배우는' 것이 되는 언어습득의 역설은 언어 자체의 성격이 어린 아이의 뇌 발육 정도에 맞춰져 구체적 사실들에 대한 기억력도 낮고, 동기부여도 잘 안 되고, 주의도 산만한 미성숙의 상태에서 더 잘 습득될 수 있도록 디자인되어 있다는 생각이다.

테렌스 디컨에 의하면 수십만 년 동안 인간의 언어는 인간의 뇌와 공진화하면서 이런 습득 기제를 개발해냈다. 그 결과 인간은 상징을 사용하는 능력을 습득하게 되었고, '말하는 뇌'(talking brain)를 갖게 되었다.

이 '말하는 뇌'는 전두피질이 비정상적일 정도로 발달하는 특징을 보여주며 '뜻밖의 발견을 하는'(serendipitous) 운 좋은 기계이기도 하다. 그 결과로 동물에게는 없는 인간의 문명이 건설될 수 있었다. 나쁜 소식은 마치 스핑크스처럼 인간은 '말하는 뇌'를 가졌음에도 몸은 여전히 동물의 몸으로 남아 있다는 것이다.

인간은 유일하게 웃을 수도 있고, 흐느낄 수도 있고, 유머를 이해할 수도 있다. 이것은 동물이 절대로 할 수 없는 일들이다. 동물은 상징을 이해하거나 조작할 줄 모르기 때문이다. 우리는 '말하는 뇌' 덕분에 이 모든 것을 할 수 있도록 '편향'(biased)되어 있다. 인간으로 태어나는 순간 우리는 모든 것을 상징으로 이해하고 범주화하도록 '편향'되어 있고, 이 '편향'은 오직 인간만에게만 주어진 축복이다. 유머가 강력한 증거다.

여기 유머 하나가 있다.

> 어느 날 거북이가 길을 가고 있었다. 숲 한가운데서 기어가고 있는 달팽이를 만났다. 하도 답답해서 거북이가 말했다. "야, 타!" 달팽이가 거북이 등에 올라탔다. 한참을 가다가 지렁이를 만났다. 친절한 거북이는 지렁이도 태웠다. 그때 달팽이가 하는 말, "야, 꽉 잡아. 얘, 무지 빨라."

오직 우리만이 이 유머를 이해할 수 있다. 아무리 영리한 보노보라도 칸지는 절대로 이해할 수 없다.

우리는 모두 언어천재, 언어의 레인맨이다. 그리고 만일 조건만 갖추어진다면 우리는 모두 영어천재, 영어의 레인맨이 될 수 있다. 그렇다면 그 조건은 무엇일까?

첫째, 작게 그리고 조잡하게 맘껏 실수를 범하면서 생생한 언어자료의 입력을 받을 수 있는 환경이 갖춰져야 하고 그런 환경 속에서 발판을 마련하고 문턱을 넘어갈 수 있는 애정 어린 보살핌이나 도움이 있어야 한다.

둘째, 언어는 뇌와 환경 중간 어디쯤에 '가상적 실재'(virtual reality)로 존재한다. 그리고 단어 의미의 대부분은 상징과 지시물의 관계가 구체적으로 맺어짐으로써 확립된다. 따라서 언어를 배울 때는 외부 환경과의 상호작용이 필수적이다. 책 속에 있는 지식을 머릿속에 담아 넣는다고 해서 영어가 습득되지 않는다. 특히 말하기의 경우에 그렇다.

셋째, 학습자의 전인적(全人的) 수용 자세가 필요하다. 그러기 위해서는 해당 언어의 언어자아를 잘 정립시켜 정의적(情意的) 부담을 낮춰 주고 최대한의 동기부여가 일어날 수 있도록 인지적(認知的) 부담을 덜어주어야 한다. 학습 자체를 재미있게 해주면 내적 동기가 올라가고, 내적 동기가 올라가면 수용 자세 또한 좋아진다.

한마디로 요약하면 성공적인 영어습득의 조건은 인위적인 세팅보다는 자연적인 세팅이 더 좋다는 것이다. 설령 교실이 되었다 하더라도 가능하면 그 습득환경이 자연적인 습득환경을 닮도록 한다면 영어습득의 성공률은 한층 더 높아질 수 있다.

유인원인 칸지도 그만큼을 배웠다면 인간인 우리가 그 이상을 배우지 못할 이유가 없다. 영어에 관한 한 불가능은 없다.

주혁이는 세 살 때 부모를 따라 미국 매사추세츠 주 렉싱턴

(Rexington)이란 도시로 이민을 간 초등학교 2학년 학생이다. 처음 프리스쿨(preschool)에 갔을 때는 영어를 안 하려 하다가 한두 달 시간이 지나자 선생님과 소통하기 시작했고, 또래 아이들과 어울리며 영어를 배웠다.

물론 처음부터 입이 열렸던 것은 아니다.

처음에는 주로 듣기만 했고, 음소와 단어, 단어 의미 등에 대한 편향된 범주화가 일어나면서 곧바로 그는 영어라는 새 언어의 습득에 들어갔다. 주혁이의 영어습득은 작게, 유치하게, 조잡하게 시작되었지만 결국 오래가지 않아서 그는 영어로 이루어지는 의사소통에 성공하게 되었다.

5-6개월이 지나면서는 선생님의 말씀이 귀에 쏙쏙 들어왔고 또래 아이들과 말다툼도 하고 친해지기도 하면서 주혁이는 원래의 역동적인 아이로 자리를 잡아갔다. 미국에 온 지 채 1년도 안 되어 주혁이는 언어생활에 관한 한 아무런 문제없이 뿌리를 내렸다.

그에게 두 번째 언어였던 영어는 이제 첫 번째 언어였던 한국말보다 더 강한 언어가 되었다.

한국말은 집안에서만 쓴다. 그래서 가까스로 한국어 능력이 유지되고는 있지만 주도권은 이미 모국어가 아닌 영어로 넘어갔다.

현지 언어가 얼마나 강한 영향력을 미치는지 보여주는 단적인 예라고 생각된다.

인간은 환경에 적응하기 위해서 언어라는 도구를 개발했다. 주혁이 역시 자신의 주변환경, 특히 사회적 환경에 최적화된 적응을 하기 위해서 영어라는 언어에 의존한다. 영어를 하지 않으면 자신이 '왕따'당한다는 것을 본능적으로 알아차렸기 때문이다.

자연스러운 결과로 주혁이의 우리말 발음이 이상해졌다. 가끔씩 엄마로부터 핀잔을 듣는다. 자존심이 상한 주혁이는 한국말보다는 영어를 하는 것이 더 편하고 안전하다고 느낀다. 영어자아가 자리를 잡은 셈이다. 그래서 집안에서도 자꾸만 영어를 사용하려 한다.

이렇게 우리말 사용을 거부하는 주혁이를 보고 엄마는 지금이 바로 그때라고 생각했다. 그래서 언젠가 소용이 있으리라 생각하고 한국을 떠나올 때 가져온 초등학교 우리말 교재들을 꺼냈다.

이렇게 해서 주혁이의 우리말 교육이 시작되었다. 우리말로 산수 문제도 풀고, 우리말 국어책도 읽는다. 우리말 동화책도 읽고, 우리말 위인전도 읽는다. 한국말 책을 읽는 것이 처음엔 무척 어렵게 느껴졌지만 이제는 이해도가 많이 높아졌다. 엄마의 애정 어린 설명 덕분이다.

주혁이의 우리말 발음은 여전히 좀 이상하다. 하지만 주혁이가 우리말을 알아듣는 데는 아무런 문제도 없다. 집안에서 그동안 죽 우리말을 써왔기 때문이다. 그리고 이제는 엄마의 가르침 덕분에 우리말을 읽고 쓸 줄 알게 되었다.

밖에서 배우는 것은 영어지만 집안에서 쓰는 것은 우리말이기 때문에 우리말을 읽고 쓰는 것 또한 주혁이에게는 생소하지 않다. 그래서 거부감 없이 엄마의 교육을 받아들였고, 이것이 우리말에 대한 동시 습득을 가능케 해주었다. 이제는 한국말에 대해서도 어느 정도 자신감이 생겼다.

주혁이의 부모는 영어와 우리말을 다 함께 잘하는 것이 주혁이의 경쟁력이 될 것이라고 생각한다. 실제로 학교에 가서 선생님들과 상담하다 보면 모두들 잘하고 있다고 칭찬해 준다. 주혁이가 이대로 잘 자라서 아이비 리그의 명문대학을 다니게 되었으면 하는 것이 주혁이 부모의 꿈이다. 그리고 그 꿈은 덧셈 이중언어교육 덕에 더 잘 영글어 가고 있다.

27. 우남 이승만의 영어습득 성공기

우남 이승만(1875－1965)이 영어를 처음 배운 것은 배재학당 영어과에 입학하면서부터다. 배재학당은 구한말 미국인 선교사 아펜젤러(Appenzeller)가 고종황제의 허락을 얻어 1885년 8월 서울 정동에 세운 조선 최초의 신교육기관이었다.

이승만은 1894년 영어과에 입학하여 1년 동안 아펜젤러에게 영어를 배웠고, 당시 일본유학을 하고 돌아온 서재필(1864－1951)에게서도 기타 교양과목을 배웠다. 이승만의 학업은 1년 만에 끝나 이듬해인 1895년 배재학당을 졸업한다.

과거시험을 보기 위해 어린 시절부터 한학에 정진하여 이미 18세의 나이에 시서삼경을 통달했던 이승만은 아펜젤러와 다른 선교사들에게 깊은 인상을 남긴다.

청년 이승만이 영어를 배운 방식은 원어민의 직접교수법(Direct Method)에 의한 것으로 추정된다.

사전도 없고 우리말로 된 문법서도 없이 직접교수법으로 영어를 배웠기에 이것들의 필요성을 절감한 이승만은 나중에 감옥에 투옥되었을 때 『신영한사전』의 집필을 시작하고 영어 문법서의 번역을 완료한다.

이승만이 한성감옥에 들어가게 된 이유는 뛰어난 영어실력으로 선교사들과의 통역을 맡으면서 독립협회와 만민공동회 사건을 주도했기 때문이었다. 종신형을 받고 옥살이를 하던 이승만은 미국 선교사들과 미국 공사관의 노력으로 1904년 8월 특사를 받아 석방되는데 감옥에 있는 5년 8개월 동안 엄청난 양의 독서를 했다.

그는 21권의 동문(東文) 즉 국한문과 한문으로 된 서적을 읽었고, 38권의 서문(西文)을 독파하며 실력을 쌓는다. 또한 다섯 권의 번역서를 집필하고 세 권의 저서를 낸다. 더욱 감동적인 것은 다른 죄수들에게 책을 읽게 하고 영어를 가르쳐 주었다는 사실이다. 이 모든 일들은 조선 최초로 이루어진 일들이다.

그는 윤치호 다음으로 영어를 습득한 조선 최초의 지식인이었으며 우리나라 최초의 영어교사였다.

이미 100여 년 전에 이승만은 국제어로서의 영어의 지위를 간파한 듯하다. 그는 장차 나라를 위해 큰일을 하게 될 것이라는 확신을 가지고 감옥에서 영어 공부에 몰입했다. 그는 세계정세에도 관심이 많아 옥중에서 한문이나 일본어로 쓰인 조약 문건들을 국문 혹은 영문으로 번역했는데 그중에는 1902년 1월 30일 런던에서 체결된 영일동맹조약을 영문으로 번역한 자료도 있다.

이승만은 〈한성신보〉 호외를 통해 이 조약문의 내용을 읽고, 이것의 중요성을 감안하여 영문으로 번역했다.

다음은 이 번역문의 제목과 첫 단락 내용이다.

> The Alliance Treaty between Britain and Japan
> London, Jan. 30th 1902
> (Translated out of the extra issue of Kan Jo Sin Bo, Feb. 17th)
>
> The Governments of Great Britain and Japan hereby agree to enter into a treaty in regard to the fact that these both Powers mutually desire to maintain the present state of peace in the Far East and to retain the independence and territorial integrity of Korea

and China. And in the meantime, among the treaty Powers that hold reciprocal right of industrious and commercial advantage in the two said nations, especially the common interest of Britain and Japan is the most greater. On account of the above mentioned state of affairs the treaty is agreed as follows.

이승만을 출옥 직후 찾아가 만난 윤치호는 옥중에서의 이승만의 활동에 대해서, 특히 그의 영어실력 축적에 대해서 다음과 같이 평했다.

At 4, called on Yi Sung Man who, after nearly six years' imprisonment〔,〕 was released yesterday. He is a remarkable young man. While in prison, he improved his English so well that he can use and write a very nice article in that tongue. He started a school and taught many a prisoner. He was instrumental in getting 〔sic〕 up a library, through the help of Missionaries, in the prison. No doubt to him is largely due the conversion of Yi Sang Jai, Yi Won Kung, Hong Jai Kui, Kim Jung Sik, etc.

(「윤치호 일기」 6, pp. 51-52)

두 사람의 영문은 짧은 기간 동안 영어를 배웠고, 소위 결정적 시기를 지나 영어를 배웠음에도 불구하고 문법적 오류가 하나도 없고, 어휘나 문장의 사용역이 매우 포괄적이고 적절하여 실제로 이들의 영어능력이 얼마나 대단했는지를 짐작케 해준다.

이승만은 그 후 제국신문에서 언론인으로 활동하다가 1904년 11월 4일 고종의 밀서 한 장을 들고 미국으로 떠난다. 고종의 밀사로 1905년 미국의 루스벨트 대통령을 만나지만 별다른 성과를 얻지 못한 그는 미국에서 학문을 닦아 미국 사회에서 지식인으로 인정받을 결심을 한다.

그는 1905년 1월 조지 워싱턴 대학에 입학하여 1907년 졸업했고, 곧이어 하버드 대학원에 진학하여 정치학과 역사학 분야의 석사 학위를 받는다. 독립청원의 성과를 거두지는 못했지만 학문의 길을 계속 간 그는 1908년 프린스턴 대학에 입학하여 1910년 6월 정치학과 경제학 역사 분야의 박사학위를 획득한다. 한국인 최초의 정치학박사가 된 것이다.

그러는 동안 우남은 미주 한인사회의 지도자로 독립운동을 이끌었고, 귀국하여 대한민국 초대 대통령이 되었다.

그는 1910년과 12년 사이의 2년간을 빼고는 약 40년 동안을 미국에서 살았다. 하야 후 다시 하와이로 망명한 이승만은 1965년 7월 19일 호놀룰루 마우나라니 요양원에서 향년 90세로 생을 마감한다.

젊은 시절 우리말이 어눌할 정도로 그토록 완벽하게 영어를 구사했던 우남은 인생의 마지막에 하와이에서 투병생활을 하는 동안 영어를 완전히 잊어버려서 통역을 하지 않고서는 영어로 의사소통을 할 수 없었다고 한다(박경자 & 이희경, 2002).

어떻게 이런 일이 일어날 수 있었을까? 그가 치매에 걸렸다는 기록은 없으므로 그의 영어능력 상실이 치매의 결과인 것 같지는 않다.

아마도 모국어로 습득된 제1언어와 외국어로 습득된 제2언어 사이에는 우리가 알지 못 하는 큰 질적 차이가 존재하는 것인지도 모르겠다. 외국어의 습득은 이렇게 시작과 끝이 비대칭인 것 같다. 하지만 이것이 모국어 습득과 얼마나 또 어떻게 차이가 있는지는 아직은 아무도 모른다.

28. 좌옹 윤치호의 영어습득 성공기

좌옹 윤치호(1865－1945)는 변절한 개화파 지식인으로 조선 최초로 영어를 배운 사람이다. 그는 1881년 1월 17세의 나이로 일본의 신문물을 시찰하기 위해 파견되었던 신사유람단의 일원으로 어윤중 영감을 수행한다.

그는 견학을 마친 뒤 동경의 동인사(同人舍)에 입학하여 일본어와 영어를 배운다. 이때 윤치호는 네덜란드 영사관으로부터 4개월간 영어를 배웠다고 하는데, 짧은 기간이었지만 역시 직접교수법으로 영어를 배운 그는 1883년 미국공사 푸트(Foote)의 통역관으로 귀국하여 공사관 통역을 담당하면서 고종황제와 명성황후에게 정치외교 지문을 한다.

그는 이듬해 중국 상해로 건너가 중서서원(中西書院)에서 5년간 유학한다. 1888년 다시 5년간의 미국 유학길에 오른 윤치호는 잠시 동경에 머무른 그해 11월부터 영어로 일기를 쓰기 시작한다.

그는 오래전부터 한문으로 일기를 써왔는데 1883년 11월부터는 국문으로 일기를 쓰다가 11월 7일부터는 다시 영어로 일기를 쓰기 시작한다.

다음은 그의 영어일기 첫째 날과 둘째 날의 기록이다.

> 7th.(11th Moon. 15th.) Up at 5 a.m. Cloudy. My Diary has hitherto been kept in Corean. But its vocabulary is not as yet rich enough to express all what I want to say. Have therefore determined to keep the Diary in English. After dinner, went downtown with Jordan to look at Christmas tricks. Came back at 5.
>
> 8th.(16th). Sunday. Cloudy. Am very sorry that I can not go to Church on account of a sore foot. Jacob—the Armenian—called on me. He is one of my most sympathetic friends here. His earnestness in religion, simplicity in manner and kindness of heart endears himself with every one who knows him. His is poor—poorer than I—but, so much resigned to God's will, and so firmly confident in His providence that he seems more contented than rich men. He said that the Southerner looks down on a negro with as much contempt as on a brute; that the Southerner wishes to keep the negro in ignorance; and that the Yankees are more catholic in their spirit and practice.

이승만과 마찬가지로 윤치호도 역시 미국 유학을 떠나기 전에 이미 상당한 영어실력을 확보하고 있었다. 이타적 대의명분과 거시적 안목을 지녔던 이승만과는 달리 윤치호는 벌써 일기의 초두에서부터 빈부의 차이와 종족의 차이 등을 중요하게 의식하고 주로 자신의 내면세계에 눈을 돌림으로써 자의식이 강한 내성적인 지성인의 모습을 드러내고 있다.

좌옹의 영어일기 친필 원본이나 미국인들과 교신한 편지 원문을 보면 그 유려한 필법(penmanship)이 화려무비하여 보는 사람으로 하여금 찬탄을 금할 수 없게 만든다.

예컨대 그가 1888년 10월 일본 고베에서 쓴 편지 원문에 나타난 필법은 다음과 같다.

Kobe, Oct. 3 '88.

My dear Sir,

While parting and meeting, sorrow and joy, disappointment and realization of our desires give a romantic touch to our lives which might otherwise have been both the monotonous, we can not but lament over the tyranny of stern Necessity when we are called upon to part with those whom we love. To say that I was or am sorry for going to America would be a lie, but I am telling the simplest truth that I felt very sad to go away from those in whose hands I enjoyed kindness and attention

영어를 배우기 시작한 지 7년 만에 그는 이런 서체를 습득했다. 당시 교육받은 영미인들의 필체를 모방하여 숙달한 듯한 그의 천의 무봉(天衣無縫) 같은 화려한 이 필기체를 보면서 서예로 다져진 구한말 조선조 선비의 서예 미학을 느끼게 되는 한편 영어학습자로서 영어권 문화와 사상, 멋 등에 충실하게 다가가고자 했던 그의 문화적 적응 내지는 문화적 변용 노력의 깊이를 아울러 짐작하게 된다.

좌옹의 서체에 나타나는 이러한 한국인 또는 동양인의 유표성(markedness)을 뛰어넘는 간절한 충실성(faithfulness) 염원은 좌옹의 영어실력을 일취월장케 하는 강렬한 도구적 동기나 통합적 동기가 되어 주었을 것임에 틀림없다. 좌옹은 영어도 한문과 마찬가지로 필법을 통해 통달할 수 있는 것이라고 생각했었는지도 모르겠다.

일필휘지로 써내려간 좌옹의 영어 필체를 보면 옛 선조들의 서체와 필법에서 혼이 우러나오듯 깊게 다져진 그의 영어 내공이 느껴진다. 아니 어쩌면 지나칠 정도의 완벽함에 기가 질린다는 느낌도 있다.

29. 도산 안창호의 영어습득 좌절사건

구한말 영어를 성공적으로 배운 이승만과 윤치호와는 달리 도산 안창호(1878－1938)는 비록 비슷한 환경에 처해 있었으나 영어를 배우는 데 실패한다.

평남 강서군에서 출생한 안창호는 한학을 배우다가 18세 때 상경하여 구세학당(救世學堂)에서 신학문을 배운다.

구세학당은 미국 예수교 장로회 선교사였던 언더우드(Underwood)가 설립한 고아원이 그 전신으로 후일 밀러(Miller) 목사가 맡아 운영하게 되어 밀러학당이라고도 한 신식 교육기관이다.

기독교인이 된 청년 안창호는 이곳에서 3년간 산수, 지리, 세계사, 과학 등 신학문을 배우며 서구문물과 접하게 된다. 물론 영어도 배웠겠지만 그가 이곳에서 영어를 성공적으로 배웠다는 기록은 없다.

안창호는 타고난 미성을 지녔으며 입담이 좋고 연설에 능했다. 특히 1898년 7월 25일 그가 21세의 약관의 나이에 행한 평양 쾌재정에서의 연설은 당시 평양성 일대의 관민에게 큰 인상을 심어 주었다고 한다. 아마도 이런 뛰어난 우리말 구사능력이 손상될지도 모른다는 본능적 인식이 그로 하여금 영어습득에 완전히 몰입할 수 없게 만든 원인이 되었을지 모른다.

안창호의 언어적성은 외국어 습득 쪽보다는 우리말 연설의 재능이라고 하는 다른 쪽에서 발달했다. 아마 이런 언어적성의 특성이 본인의 의지나 동기와는 상관없이 영어습득에 실패한 한 원인이 되었을 가능성이 있다.

1902년 9월 안창호는 '나부터 먼저 배우자. 신문화의 씨를 조국에 뿌려주자'는 신념으로 부인 이혜련과 함께 미국 유학길을 떠난다. 도산은 인천에서 배를 타고 출발하여 동경, 하와이, 캐나다 밴쿠버를 거쳐 미국 시애틀에 도착한다.

도산과 부인은 샌프란시스코에서 1년간 지내게 된다. 돈도 없고 말도 잘 통하지 않는 미국에서 도산은 미국인의 집안일을 해주며 공부를 시작한다.

그는 체계적으로 영어를 배우기 위해 24세의 나이에 시내 공립소학교에 입학하지만 영어 공부를 계속 하지는 못하게 된다. 이 덩치 큰 한국인 소학교 학생을 신기하게 여긴 어느 신문기자가 지역신문에 그를 소개하면서 원래 나이가 밝혀지게 되자 도산은 퇴학을 당하고 만다. 미국인 교장이 나이가 많다는 이유로 학생 자격을 박탈한 것이다.

이후 다른 학교를 찾아가 입학을 신청했지만 입학이 허락되지 않는다. 주변에서는 동양인이어서 몸집이 작으니 나이를 내리고 학교에 입학하라고 권했지만 도산은 끝까지 양심을 지키며 공부할 학교를 찾아 돌아다녔다.

마침내 어느 아량이 넓은 교장을 만나 학교에 입학한 도산은 다시 공부를 시작하게 되지만 그 공부 역시 오래가지 못한다. 1902년부터 하와이 이민이 시작되어 많은 한인들이 미국 본토로 들어오게 되었고, 샌프란시스코에 정착하려는 이들과 접촉하다 보니 도산은 자연 영어 공부에만 매달릴 수 없게 된 것이 그 주요한 이유였다.

도산은 그 후 3년간 초창기 미주 한인사회를 이끌며 동포들의 사정을 돌봐주고 사회조직 활동을 하는 데 물 쓰듯 시간을 쓰게 된다. 결국 원래 목적이었던 학업을 포기할 수밖에 없는 실정이었다. 그 후 1907년 1월 적극적 구국운동의 필요성을 절감한 도산은 귀국하여 독립운동에 전념할 것을 결심한다.

제대로 된 영어교육을 받을 기회가 없었던 도산은 우남이나 좌옹처럼 자유자재로 영어를 구사하진 못했지만 1911년 다시 미국 망명길에 올라 1919년까지 8년간을 다시 미국에서 지내게 된다. 그 후 1925년에도 잠시 도미하여 가족을 만나고 1년 후 다시 원동(遠東)으로 출발하는데 이것이 미국의 가족과는 영원히 이별하는 길이 되고 만다.

1932년 상해에서 독립운동을 하다가 체포된 도산은 국내로 압송되어 두 차례 옥고를 치르다가 1938년 3월 옥중에서 신병으로 별세하기 때문이다.

도산이 나라를 잃은 지도자로서 할 일이 너무 많았던 탓에 영어공부를 체계적으로 하여 영어를 습득할 기회를 놓치고 말았지만 영어로 기본적인 의사소통은 할 수 있었다는 점에서 그와 영어와의 만남이 그렇게 비생산적인 것만은 아니었던 듯하다.

특히 그에게는 사람들의 심금을 울리는 걸출한 우리말 대중연설 능력과 너불어 우리나라 애국가의 작사자로 시목될 만큼 뛰어난 우리말 실력을 갖추고 있었고, 이것이 그의 조금 부족했던 영어실력을 충분히 보상해 주고도 남음이 있었다.

만일 그가 영어를 습득하는 데 더 많은 시간을 투자했더라면 오히려 그의 인생에는 마이너스가 되었을지도 모른다는 점에서 그의 아이러니컬한 영어습득 좌절사건은 오늘을 살고 있는 우리들에게 시사하는 바가 크다. 역사적 기여의 관점에서 본다면 영어습득은 좌옹과 같이 성공했으나 실패가 가능하고, 도산과 같이 실패했으나 성공이 가능하다는 것이다.

맹문제 시인은 내가 가장 존경하는 시인이다. 그는 불혹의 나이에 벌써 여러 권의 기념비적인 시집을 냈고, 시평을 냈으며, 다양한 국문학 관련 저술로 문단과 학계에 기여했다. 그와 이야기를 나누다 보면 그의 우리말에 대한 실력은 물론 서구학문이나 이론에 정통한 지성의 폭과 깊이에 큰 감명을 받게 된다.

그런 그도 요즘의 시류에 영향을 받아 영어 공부를 다시 해야겠다고 걱정이다. 나는 "맹시인 같은 분이 영어를 잘하면 우리 같은 사람은 어떻게 밥을 먹고 사느냐"며 농을 걸곤 한다. 그래도 중국 시인이나 다른 아시아 쪽 시인을 만날 기회가 가끔 있는데 이들과 의사소통하려면 결국 영어가 필요하다는 것이다.

나는 맹시인의 지금 영어실력으로도 충분하다고 얘기해 주었다. 맹시인은 아리스토텔레스의 『시학』 영어원문을 우리말로 번역할 정도로 이미 탄탄한 영어실력을 가지고 있다. 그럼에도 불구하고 늘 자신의 영어실력이 부족하다고 느낀다.

맹시인이 바쁜 시간을 쪼개어 영어공부를 더할 필요는 없다고 생각한다. 지금까지 교육받은 영어실력이면 충분하고, 그 실력을 자랑스럽게 여길 필요가 있다고 생각한다. 만일 맹시인이 본격적인 영어공부를 시작한다면 그것은 우리말에 쏟을 정열과 에너지를 효율이 낮은 영어습득에 돌림으로써 오히려 그가 우리말을 통해 우리 사회나 역사에 기여할 수 있는 기회를 놓치는 결과를 가져오지 않을까 우려하는 마음에서다.

30. 습득-참여-수용의 변증법

그동안의 영어습득 연구는 참여의 필요 없이 좋은 입력만 있으면 된다고 하는 인지주의적 습득론과 사회적 맥락에서 의미 있는 발화를 주고받고자 하는 욕구에서 영어습득의 일차적 동인(動因)을 찾고자 하는 기능주의 및 사회문화이론의 참여론이 대립하는 양상을 보여 왔다.

멀리 그리스의 스토아 학파에까지 거슬러 올라가는 습득론의 개체/사회 이원론은 소쉬르에 이르러 언어의 기호를 기호 자체와 기호의 사용으로 이분하는 구조주의 언어학을 발달시켰고, 코더(Corder), 셀링커(Selinker), 듀레이 외(Dulay *et al.*), 디트마(Dittmar)와 같은 기능주의자들의 형태-기능의 화용적 연결에 대한 관심을 거쳐 제2언어 습득의 실체가 보이지 않는 추상적 실체로서 누군가의 머릿속에 들어 있거나 들어가게 하는 것이 아니라 역사적 배경을 가진 구체적 인간 활동에서 언어의 참모습을 발견해야 한다고 믿은 레온티에프(Leontiev), 도나토와 맥코믹(Donato & McCormick), 란톨프와 아펠(Lantolf & Appel)과 같은 사회문화 이론가들의 이론으로 발전했다.

언어를 사고(thought)의 도구로 보는 사회문화이론은 언어를 미리 고정된 의미나 메시지를 전달하는 수단으로 보는 의사소통 기반 접근법이나 입력을 강조하는 습득론자들에 대해서 비판적일 수밖에 없다.

참여론자들은 상호 간의 대화를 지식 구성의 중요한 전제로 인식한다. 이렇게 구성된 지식은 먼저 정신과 정신 간의 작용으로 발달하고, 다음으로 개인의 정신 내에 내화됨으로써 자기규제나 자동제어의 도구가 된다.

하지만 사회문화이론은 지식과 정신 발달에 대한 이런 일반적 통찰 외에는 형식적 체계로서의 언어의 본질에 대해서 이렇다 할 구체적 통찰이나 실증적 자료들을 제시하지 못했다는 비판을 받고 있다.

근접발달영역에 대한 후속 연구들도 일부 형태론적 언어 연구에 그치고 말았다는 아쉬움을 남기고 있는데, 참여론이 습득론을 뛰어넘어 언어습득 연구의 주류로 자리 잡으려 한다면 언어학적 범주들에 대해서 더욱 포괄적이고도 분명한 입장 표명을 해야 할 것으로 보인다. 그러나 아직은 이런 점에서 많이 부족하다는 것이 중론이다.

만일 언어학습의 본질이 꼭 습득도 아니요 꼭 참여도 아닌 것이라면, 그렇다면 과연 무엇일까? 모국어를 배우는 어린아이나 외국어를 배우는 학습자들은 어떻게 암호를 깨뜨리는(cracking the code) 그 순간을 맞게 되는 것일까?

나는 20세기 초 오스트리아와 독일 등지에서 활동했던 사상가이자 교육철학자인 루돌프 슈타이너(Rudolf Steiner)의 정신을 구현하는 발도로프 스쿨(Waldorf School)의 12년 과정 외국어 교육 프로그램이 그 해답을 쥐고 있다고 생각한다.

이미 구미 각국에 무려 870여 개의 체인을 가지고 있는 발도로프 학교는 국가고시 성적에 연연하지 않고 교과서 없이 전인(全人) 교육을 시키는 것으로 유명하다.

초등학교에서부터 시작하여 고등학교까지의 과정을 교육하는 이 학교는 허더(Herder)와 훔볼트(Humboldt)의 사상에 영향을 받은 슈타이너의 소위 발도로프 교육학에 기초하여 언어를 포괄적인 교양교육의 수단으로 인식한다.

이 학교는 언어교육이 학생의 사고하고 느끼며 행동하는 모든 영역에 영향을 준다고 보며, 특히 외국어는 나와는 다른 사고형태 및 사고방식을 통해 다른 사고의 틀로 이끌기 때문에 모국어에 대해 균형을 잡아주는 일종의 인문학적 교정수단이 될 수 있다고 믿는다.

발도로프 학교의 학생들은 12년의 학제 동안 영어, 불어, 러시아어의 완벽한 구사를 목적으로 전체 수업시간의 5분의 1에서 6분의 1에 해당하는 집중 외국어 수업을 받는다. 다른 어떤 교과목도 이렇게 많은 시간을 차지하지는 않는다.

이 학교의 프로그램 시행자 에어하르트 달(Erhard Dahl)은 이러한 외국어 교육 목적이 '세계인식과 자기인식의 확장'에 있다고 말한다. 인간의 인식에 관여하는 지각 능력의 섬세화에 초점을 맞추는 이러한 교육은 문화와 문화 사이의 상호주체성을 강조한다는 점에서 미국식 실용주의나 과학주의의 관점과는 사뭇 다른 일종의 현상학적 관점으로 보이며 습득과 참여의 이분법을 '전인적 수용'이라고 하는 제3의 방법으로 극복하려 하는 변증법적 발상으로 보인다.

우리나라의 영어습득 환경은 독일이나 오스트리아와 같은 유럽의 영어습득 환경과는 여러 가지 면에서 다르다. 이를테면 우리의 경우에는 언어학적으로 영어라는 언어가 동족어(cognate)를 찾아볼 수 없는 매우 이질적인 언어이고, 문화나 사고방식 면에서도 이들 유럽의 학습자들이 영어권 문화에 대해서 느끼는 것과는 매우 다른 감정일 수밖에 없다.

그럼에도 불구하고 사회적 조건에 대한 충분한 고려 없이 언어지식의 습득이 영어습득의 필요충분조건이라는 습득론이나 역사·사회적 맥락에 대한 필연적 참여에 의해 제2언어 습득이 이루어진다고 보는 참여론 쪽의 견해보다는 본질적인 학습의 도구로 머리와 가슴과 손을 요구하면서 우리의 몸, 특히 눈, 코, 입 등 감각기관의 활성화를 통한 총체적·전인적 견지에서 목표언어를 수용하겠다는 책략이 어쩌면 우리의 형편에 훨씬 더 잘 들어맞고 우리의 영어습득 방안을 훨씬 더 잘 모형화해 줄 수 있는 습득이론이 될 것 같다는 생각이다.

서울 태생인 연희 마스(Yeonhee Maas)는 미국인 남편을 만나 29년 전 22살의 나이로 미국에 건너갔다. 그 후로 줄곧 콜로라도 주 덴버에 살면서 남편과 사별하고 홀로 되어 혼자 힘으로 두 남매를 키워 대학을 졸업시킨 억척스런 한국 여성이다.

그녀는 플리마켓(flea market)에 나가 액세서리를 팔기도 했고, 수년간 레드 랍스터 레스토랑(Red Lobster Restaurant)의 웨이트리스로 일하며 힘들게 살다가 마흔이 다 된 시점에서 미용기술을 배워 지금은 종업원이 20명이 넘는 큰 미용회사를 운영하고 있는 성공한 교포 실업가다.

연희 씨는 지금까지 내가 보아온 한국인 중에서 우리말과 영어를 가장 잘하는 이중언어 사용자다. 그녀의 영어 솜씨는 같은 조건하에서 살아온 그녀의 친구들과 비교해 보면 바로 드러난다. 나는 그녀가 영어하는 것을 보면서 어떻게 영어를 배웠는지가 늘 궁금했다.

그래서 수년 전 한국을 방문했을 때 양해를 구하고 영어로 인터뷰를 시도했다. 연희 씨는 미리 준비해 두었던 나의 인터뷰 질문에 단 한 번도 막히는 일 없이 술술 마치 준비된 양 수준 높은 표현들을 구사해가며 자신의 영어실력을 유감없이 발휘했다. 어느 정도 짐작은 했었지만 그 정도일 줄은 몰랐기에 그녀가 인터뷰하는 것을 들으면서 나는 내심 크게 놀라지 않을 수 없었다.

여기 그때 녹취해 둔 인터뷰 전문을 내 나름의 방식으로 전사(轉寫)한 것을 실어 본다. 내용을 읽어보면 한 인간이 다른 나라에 가서 정착하며 산다는 것이 얼마나 힘들고 어려운 일인가 하는 것과 더불어 그런 삶 속에서 꿋꿋하게 모든 역경을 딛고 일어서면서 어떻게 영어라는 어려운 외국어를 자신의 의사소통 도구로 만들었는가 하는 것을 느끼는 한편, 영어습득에 관한 여러 가지 소중한 통찰을 얻을 수 있는 기회가 된다.

간단히 요약한다면 그녀가 영어를 배운 방식은 목표사회에 동화하기 위해, 즉 생존을 위해, 강력한 통합적 동기를 가지고 배웠다는 점에서 습득론의 모형보다는 참여론 모형에 더 가까웠고, 전인적이고도 총체적인 수용을 통해 습득한 영어를 통한 새로운 세계인식과 자아인식을 꾀했다는 점에서 수용론 모형을 채택했다고도 할 수 있겠다.

이제 인터뷰 전문을 소개한다. 좀 길지만 가치 있는 자료라 여겨 꼭 소개하고 싶고, 읽고 나면 큰 감동과 함께 많은 생각을 하게 될 것이라 여겨지기에 더욱 그리고 싶다.

Interview with Yeonhee Maas(took place around 8:30 p.m. on May 12th, 2005 in my apartment)

(I: Interviewer, Y: Yeonhee)

I: I know you're a very successful Korean woman living in America. You overcame lots of difficulties in your life and eventually raised yourself as a well-established hair stylist in the American society you're living in. What do you think contributed to this success?

Y: Living in America relocated from Korea, and uhh, there was a time I had to be uprooted from mother's land Korea to America

Then I have to be planted in this new soil. Because.. I had to be nurtured and fertilized... I just started all over .. so that was a challenge. I had to overcome obstacles ...... when you are coming into new soil.... it needs patience before it's ready to grow again....

I: What about fortune or destiny? Isn't it a part of it?

Y: You mean chance.. chance of luck. I think that is a part of it, too .... I was in a lifetime... I feel blessed

I: (smiling) I just wanted to add something... Think little of it.

Y: Okay.

I: What about your plans for your future? Do you have any short-term or long-term goals for you life?

Y: Well, I'm getting older. Now I'm close to age fifty. When you're in young age, you set a lot of goals and sometimes the goals.. just don't really accomplish the goals... My goal is just being in my age number one is, to maintain my health as it is and to watch my kids grow and support them, just being myself. And I believe that there are yin-yang aspects of life. We need to live a harmonious, balanced life....

I: I think that yin-yang concept is crucial because, you know, you're an oriental even if you're living in America, western country. Umm, next question is, what do you wanna do for fun? I know you're a hair stylist...

Y: You mean physical fun or...

I: Yes, both physical or mental fun. What do you usually do for your pleasure? Do you have any hobby or something like that?

Y: I think being in the service industry it requires pretty much of my energy to be spent to listen to their problems, their issues and at the end of the day I feel mentally depleted, empty and when I come home I try to listen to music or go to a nice restaurant all by myself and I don't need a crowded one because my day has been crowded enough, so I just want to be away from that environment, you know. Just nurturing myself and having my own time....

I: What type of restaurant do you usually go to?

Y: Modern American restaurant. I just don't watch .. I just walk away from... I just want to get away from the crowdedness, I leave behind everything...I just enjoy a glass of wine, relaxing. And then I often go jogging and ....

I: After the meal...

Y: Right, I know that is no fun thing, but you know, it's really hard to unwind... I should have....

I: I heard you said you enjoy watching Korean sitcoms and other shows through the video tapes. What does that mean to you?

Y: I think I once uh, being a Korean, yes you have to be a part of it because your life has been uprooted and planted to be fit in and blend in, but I'm trying to be a part of Korean... there is no denying Haeshin, Tojee, Pulmyeoleui Yi Soonshin all those Korean dramas helped me revive... you know still, I AM Korean... It helps me to see myself, to find my true identity that I'm always trying to find in myself....

I: Does this mean that you're living a double life, you're trying to look for your double identity?

Y: Yes, yes, right, right. I was 22 when I immigrated into America but I was born and grew up in Korea. I'd kinda like to put the true issue of that identity... uprooted and try to blend in.. I took charge of blending in their society and their issues...

I: You're interested in gardening, aren't you?

Y: Yes, very much. I guess that's one of those things I try to unwind... that's my sanctuary where I can get connecting with Nature. There's a lot of things to do soiling and nurturing, .../?/nating, or ..../?/ting. It is very, very relaxing and I feel life there.

I: We're part of Nature so it's truly relaxing...

Y: Absolutely.

I: You've been so much devoted to educating your children. What are your hopes or desires for them? What do you want them to be or to do in their lifetime? Could you tell me about it?

Y: Of course, every parents, they are, we ALL hope that our children do well down the road in their future. And.... I think whatever they do they are encouraged to do it. Whatever they do, I want them to do what they like to do, what they enjoy to do... Umm, I don't like to force them to direct them to roads to moneymaking, roads to a well-known job. But uhh... as LONG as they can get by I want them to do whatever they like to do.

I: What do you think of American life? Could you tell me about it? Anything you think you have to say about American life?

Y: American life? That's a little broad. Um, I just shared with my sister about American life earlier

I: I remember I once asked this question to your late husband Gregory and he said it's probably diversity.

Y: Diversity! Yeah, multicultural... I think America is, Okay you're right, diversity, it's all nations everywhere. You always FEEL. Number one, I look upon difference, you always feel, you're conscious of this difference. You always feel consciously. You always feel discriminated. It depends on you. I think it's /?/ umm, start being conscious that I don't fit in....

I: Sometimes you feel discriminated?

Y: Discriminations? Absolutely. But you just don't get a choice. You know, we were uprooted, we just can't.... America is a nation that has its own social issues, political issues very, very difficult. But I think America is fairer country than other nations taking care of the aliens, it's ongoing process, I guess.... Yeah, I think there's diversity's there and... but there's a lot of chances... Of course there are certain obstacles..... This is America, you just blend in to be a little part and do your best, and then... you can be happy.

I: You speak beautifully, you speak very, very well. I see in you a very successful bilingual.

Y: Thank you.

I: You don't have any difficulty speaking English and Korean, do you? If the situation comes, you can code-switch easily, either in English or in Korean, right? Umm... I wonder what was the most important contribution to your success in language learning? How did you start all this? How did you learn?

Y: How did I learn? Junior high school, junior high school, those were the days I started to learn English. I was interested in other languages as well. But when I grew up, I was forced to learn one... English. It's really interesting language. I'm still learning. I'm still learning. You know, some of those words and slangs are always changing in the daily conversational language. But if you don't keep up with the slang, you will just feel of the break and at that moment I have to ask, what does that mean? But English is a hard language, when you hear this new word from teenagers, yeah, you know especially highschool kids they know how to put the words together... The question how I learned.. I think personality had a lot to do with it. I think it's important you don't feel shy away from your mispronunciation or... your ACCENT is different... so.. I had a hard time when I went there, went to America. It's pretty hard. I'm still learning. I cannot catch up all those slangs and different space, different /?/... I'm still learning.

I: You're too humble. Compared to other Korean Americans living in the States, you're so successful in your learning English. What do you think is the main reason for that success?

Y: I think we need to study constantly, even if it's one word, and you go on to find out what it means and how it fits in... I used to have a dictionary and I look it up for 24 hours, 7 days I always try to look it up, I constantly study with it.... I constantly want to find out.... I think it's just desire to uhh, want to know what does that mean... I guess it's personality.... I don't want to emphasize personality so much but the... if there's something that you want to understand and don't let it pass by you, go in there and open up your dictionary and you just find out what does that mean. I think you already, when you ask the question what it means, you learned it.

I: That's very wise of you. We play all kinds of games, and if we really want to win it, we just have to be in it, right?

Y: Absolutely. Yeah, yeah, I just did like that, I'm a total believer. I wanted to win it. Nothing comes free. You gotta pay the price. Don't be lazy when you do these kinds of things....

I: One last question to go. Umm, when you speak English you definitely feel your English self, and when you speak Korean you feel other self as far as I understand what you've been talking about. What kind of self is this, your English self and your Korean self? It's like you have two selves in you?

Y: Absolutely, I always felt this, this happened at the very beginning, I always felt like half of my brain was translating when I was trying to speak English, so I compensate, but as I come to live in an English-speaking society, so I didn't have chances to speak so much Korean, so automatically you repeat every word, the words you need to use daily, everything goes automatic. On beginning I got that on one side of my brain '안녕하세요?' and I had to analyze translating this and on the other side I said 'Good morning!' so I had to make my tongue smooth, but after a while I could do this automatically... so I'm still kinda struggling I mean there's a lot of words that I can't call out automatically. So I sometimes I have to look and open up the dictionary, especially to be more professional. I'm still learning.

I: We're all struggling to learn for our entire life. Thank you very much for your contribution to my research. I'd really appreciate that. Hope you'll have a great time during your stay in Korea. Thanks again.

다음은 이를 직역한 내용이다.

연희 마스와의 인터뷰(나의 아파트에서 2005년 5월 12일 오후 8시 30분경에 이루어짐)

(I: 면담자, Y: 연희 마스)

I: 당신이 미국에 살고 있는 매우 성공한 한국 여성이라고 알고 있습니다. 인생의 숱한 어려움들을 극복하고 마침내 살고 계시는 미국사회에서 헤어 스타일리스트로 자리를 굳히셨으니 말이죠. 어떻

게 이런 성공을 얻게 되었다고 생각하시는지요?

Y: 한국을 떠나 미국에 와서 살면서, 에, 한때는 모국인 한국에서 미국으로 뿌리가 뽑혀왔다는 생각이 든 적도 있었죠. 그러면서 새 땅에 다시 뿌리를 내려야 하는 그런 일 말입니다. 왜냐면.. 살기 위해서는 자양분도 공급 받고 거름도 필요하고 그랬거든요... 모든 걸 다시 시작해야 했어요.. 도전이었던 셈이죠. 여러 가지 난관들을 극복해야 했죠...... 새로운 땅에 이식되어 올 때는 말이죠.... 다시 자랄 수 있으려면 인내가 필요하죠....

I: 행운이나 운명 같은 건 어떤가요? 이런 것들이 한 부분이 되지 않나요?

Y: 기회 말씀이겠죠.. 다행스런 기회 말이에요. 그런 게 일부분이 된다고 저도 생각해요.... 난 평생에 그랬어요... 행복감을 느껴요.

I: (미소 지으며) 한 마디 덧붙이고 싶었는데요... 별 건 아니지만요.

Y: 네, 좋아요.

I: 장래 계획 같은 건 혹시 없나요? 단기적인 목표나 장기적인 인생의 목표 같은 것 없나요?

Y: 글쎄요, 저도 나이 들어가는데. 오십의 나이가 다 되어 가고 있어요. 젊었을 땐 많은 목표들을 세우지요 그리고 때로는 그 목표들이.. 잘 성취되지 않지요... 내 목표는, 내 나이에 첫째가는 목표는, 건강을 유지하면서 아이들이 자라는 걸 지켜보고 나 자신의 인생을 살아가면서 그 애들 뒤를 봐주는 거지요. 인생에는 음과 양의 측면이 있다고 믿어요. 그래서 조화롭고 균형 잡힌 삶을 살아야 하는 거지요....

I: 저도 음양이라는 개념이 핵심이라고 보는데요. 왜냐면, 있잖아요, 당신은 미국이라는 서양 나라에 살고 있다고 해도 동양인이잖아요. 음, 다음 질문을 드리자면, 재미삼아 하고 싶은 일이 있으시다면 뭐가 있는지요? 당신은 물론 헤어 스타일리스트시지만요...

Y: 몸을 움직이는 재미 말씀이신가요?

I: 네, 육체적인 것도 되고 정신적인 것도 됩니다. 즐거움을 누리기

위해서 하게 되는 일이 무엇인지요? 혹시 취미 같은 것 있으십니까?

Y: 서비스업에 종사하다 보면 사람들의 문제나 그들의 관심거리들을 들어주느라 꽤 힘이 빠진다는 생각을 합니다. 그래서 일을 마칠 때쯤에는 정신적으로 고갈되고 공허해지는 느낌이 들거든요. 그래서 집에 오면 음악을 듣거나 나 혼자 괜찮은 레스토랑을 찾아가거나 하죠. 사람 많은 데는 싫어요. 왜냐면 하루종일 사람 많은 데서 일하다 왔으니까요, 그래서 그런 곳과는 딴판인 곳을 원하죠, 당연히. 나 자신의 원기를 북돋아주면서 나만의 시간을 가질 수 있는....

I: 어떤 종류의 레스토랑을 주로 가는데요?

Y: 현대식 미국 레스토랑을 가죠. 구경하러 가는 것도 아니구요.. 그냥 멀리 떨어져서... 북적대는 그런 데서 멀리 떠나고 싶은 그런 거죠, 모든 걸 다 팽개쳐 놓고... 그냥 포도주 한 잔 정도를 느긋하게 즐기는 것뿐이에요. 그러고 나서 종종 조깅도 하구요....

I: 식사 후에 말이죠?

Y: 맞습니다. 그게 무슨 재미일까 싶기도 하지만, 있잖아요, 긴장을 푼다는 게 결코 쉽지 않거든요... 아마 내가....

I: 한국 드라마나 기타 프로들을 비디오로 자주 보신다는 말을 들었던 거 같은데. 그게 어떤 의미가 있나요?

Y: 한때 저는요, 에, 한국 사람으로서, 네, 우리의 삶이 뿌리가 뽑혀져 이곳에 심겨지고, 적응하고, 섞여야 했지만 일부분은 여전히 남아 있을 수밖에 없잖아요. 그래서 한 부분은 한국인으로 살아가려 하고 있어요... 해신이나 토지, 불멸의 이순신 등 모든 한국 드라마들이 나의 한국 혼이 되살아나게 해준다는 점을 부인할 수 없어요... 그러고 보면 여전히 전 한국인임이 틀림없어요... 제 자신의 모습을 보도록 도와주고, 늘 나 자신 속에서 찾으려 했던 나의 진정한 정체성을 찾게 도와주고 있어요, 이런 것들이....

I: 이 말씀은 당신이 미국인과 한국인 양쪽의 삶을 살고 있다는 뜻

인가요? 이중적인 정체성을 추구하고 있다는 말씀 말입니다.

Y: 네, 네, 맞아요, 맞습니다. 전 스물두 살에 미국으로 이민을 왔지만 한국에서 태어났고 한국에서 자랐어요. 그 정체성이란 문제를 진짜 알아보고 싶은 생각이 들어요... 뿌리 뽑히고 섞여져 들어가려고 노력하고.. 저는 미국사람들의 사회에 섞여 들어가고 그들의 문제 속에 들어가려고 무척 노력했죠...

I: 정원 가꾸는 일에 관심이 많으시지 않나요?

Y: 네, 무척요. 이것도 긴장을 푸는 방법들 중 하나인 것 같아요... 정원은 내가 자연과 하나가 될 수 있는 저의 안식처랍니다. 하는 일이 아주 많아요, 흙을 일구고 물을 주고, 이것도 하고 저것도 하고.... 아주 마음이 편해지거든요. 정원엔 생명이 느껴져요.

I: 우리가 자연의 일부이기 때문에 진정으로 휴식을 얻는 거겠지요...

Y: 옳은 말씀입니다.

I: 자녀교육에 정말 헌신적이었죠? 자녀에 대해 어떤 희망과 바람을 갖고 있나요? 애들이 그들의 생애에 어떤 사람이 되고 무슨 일을 했으면 좋겠나요? 그 점에 대해 말씀해 주시죠.

Y: 물론 모든 부모들이 다, 우리 모두는 자식이 살아가면서 장차 잘 되기를 바라죠. 그런데.... 나는 애들이 뭘 한다 해도 열심히 하라고 권하고 싶어요. 무엇을 하든 그 애들이 하고 싶어 하고 하기를 즐기는 일을 하기를 바라죠... 음, 돈 버는 일이나 명성을 얻을 수 있는 일을 하라고 강요하거나 그런 쪽으로 몰아가고 싶진 않습니다. 그렇지만 에... 살아가는 데 지장 없는 한 하고 싶은 일이면 뭐든 하라고 하고 싶어요.

I: 미국인의 삶을 어떻게 보시나요? 하고 싶은 말씀이 있으시나요? 미국인의 삶에 대해 아무 말씀이나 떠오르는 대로 해주신다면?

Y: 미국사람들 사는 거요? 좀 광범위하네요. 음, 좀 전에 내 동생과 그 점에 대해 얘기를 나눴었는데요.

I: 고인이 되신 당신의 남편 그레고리에게 이 질문을 한 적이 있었는데, 그때 그분이 아마도 다양성이 아닐까라고 대답하더군요.

Y: 다양성이라구요! 네, 다문화적인 것… 그게 미국인 것 같아요. 맞습니다, 당신의 말씀이. 다양성이 미국 전역에 어딜 가든 있죠. 언제라도 느낄 수 있고요. 첫째, 차이를 보게 되죠, 늘 느끼고요. 이 차이를 의식하게 되죠. 늘 의식하게 됩니다. 차별을 당하는 느낌도 늘 있습니다. 우리 자신에게 달려 있죠. 그것은 음, /?/인 것 같아요. 내가 잘 맞아떨어지지 못하는구나 하는 것을 의식하기 시작하면서 말이에요….

I: 때로 차별을 당하는 느낌을 받는다고요?

Y: 차별요? 물론이죠. 하지만 선택의 여지가 없어요. 아시다시피 우린 뿌리 뽑혀 왔잖아요, 우리가 그냥…. 할 순 없죠. 미국은 나름대로의 골치 아픈 사회 문제, 정치 문제들을 안고 있는 나라죠. 하지만 난 미국이 외국인들을 대우하는 데 있어서 다른 어떤 나라들보다 더 공정한 나라라고 생각해요. 이것은 계속되고 있는 과정이라고 봐요…. 네, 다양성이 존재하고요. 그리고… 많은 기회들도 존재하고요… 물론 장애물들도 있지요….. 이게 미국이고, 그 일부가 되려면 섞여 들어가 적응하면서 최선을 다해야 하죠. 그러면… 행복해질 수 있고요.

I: 말씀을 정말 잘하시네요. 정말 유창하십니다. 당신에게서 매우 성공적인 이중언어 사용자를 보게 되는군요.

Y: 감사합니다.

I: 영어와 한국어를 사용하는 데 전혀 불편이 없으시죠? 상황이 요구하면 언제든 쉽게 영어나 한국어로 말을 바꿀 수 있으시죠? 음… 당신의 언어학습 성공에 기여한 가장 중요한 요인이 무엇이었는지 궁금합니다. 이 모든 일이 어떻게 시작되었죠? 어떻게 영어를 배웠나요?

Y: 어떻게 배웠냐고요? 중학교, 중학교, 그때부터 영어를 배웠어요. 다른 언어에도 흥미가 있었죠. 하지만 자라면서 하나에, 즉 영어 하나만 배울 수밖에 없었어요. 정말 재미있는 언어죠. 전 지금도 영어를 배우고 있어요. 있잖아요? 말들 중 일부나 슬랭들은 일상

적인 대화언어 속에서 늘 변하죠. 그래서 이런 슬랭을 따라잡지 못하면 단절을 느끼게 되고 그 순간 저게 도대체 무슨 뜻이냐고 묻게 되죠. 하지만 십대들의 신조어 같은 것을 들을 때면 영어는 정말 어려운 언어에요. 네, 특히 고등학교 아이들은 신기하게 말을 갖다 붙이거든요... 내가 어떻게 배웠느냐는 질문을 하셨죠.. 내 생각엔 성격이 많은 관련이 있는 것 같아요. 발음이 틀렸다고 부끄러워하면 안 되잖아요... 말씨가 다른 법이구요... 그래서.. 거기 갔을 때, 미국에 갔을 때, 힘든 시절을 겪었지요. 꽤나 힘들었어요. 전 아직도 배우고 있는 중입니다. 그 모든 슬랭들과 다양한 표현들, 다양한 /?/ 다 알고 있지 못합니다. 여전히 배우고 있어요.

I: 너무 겸손하신 것 같군요. 미국에 살고 있는 다른 한국교포들과 비교해 보면 영어학습에 대단히 성공하신 걸요. 이런 성공의 주요인이 뭐라고 생각하시는지요?

Y: 끊임없이 공부할 필요가 있는 거 같아요. 단어 하나라 할지라도 무슨 뜻인지 어떻게 어울리는지 알아보려 하고... 옛날에 사전을 갖고 다녔는데요, 일주일 내내 24시간 사전을 찾아봤죠. 늘 찾아보고, 끊임없이 그걸 가지고 공부하고.... 항상 찾아보고 싶었어요.... 어, 그게 무슨 뜻인지 알고 싶은 욕망이었던 것 같아요... 그게 성격이겠지요.... 성격을 너무 강조하고 싶지는 않은데요. 하지만... 뭔가 이해하고 싶은 것이 있고, 그냥 지나치고 싶지 않은 것이 있다면 가서 사전 펴서 그게 무슨 뜻인지 찾아보고 나오고 뭐 이런 거죠. 우리가 그게 무슨 말이지 하고 질문을 하게 되면 이미 우리는 그 말을 배운다고 봐요.

I: 정말 현명하시네요. 우리가 무슨 경기든 다 해보지만 정말 이기고 싶으면 거기 몰입해야 되는 거잖아요, 그렇죠?

Y: 물론이죠. 네, 네. 저도 바로 그렇게 했어요. 전 철저한 신념주의자입니다. 얻고 싶었어요. 그리고 세상에 공짜는 없죠. 대가를 치러야 하는데 이런 일들을 하자면 게을러서는 안 되겠죠....

I: 마지막으로 한 질문만 더 드리죠. 음, 영어를 하실 때 영어하는 자신을 틀림없이 느끼시겠죠? 또 한국어를 하실 때는 한국어를 하는 다른 자신을 느끼실 것 같고요. 지금까지 말씀해 주신 바에 의하면 말입니다. 당신의 영어 자아와 한국어 자아, 이들 자아는 어떤 자아죠? 당신 속에 두 개의 자아가 있는 것 같은데요?

Y: 물론이죠, 나도 이것을 늘 느낍니다. 처음부터 그랬어요. 내 두뇌의 절반이 내가 영어로 말하려고 하는 것을 번역하고 있는 느낌이 늘 들었어요. 그러면서 보상을 받죠. 그러다가 영어권 사회에 와서 살게 되면서 한국어를 할 기회를 잘 갖지 못했고, 그래서 모든 단어를 자동적으로 되뇌게 되었죠. 매일같이 하게 되는 말들 말입니다. 모든 것이 자동으로 되었어요. 처음엔 한쪽 뇌에서 '안녕하세요?'라고 한국어로 생각이 떠오르고 그 다음 이것을 다른 쪽 뇌에서 '굿 모닝?'이라고 분석해서 번역하는 식이었죠. 그래서 내 혀를 의식적으로 부드럽게 해야만 했어요. 하지만 얼마의 시간이 지난 후에는 이것이 자동적으로 되더군요... 그런데요, 난 아직도 애를 쓰고 있어요. 무슨 말이냐 하면 아직도 자동적으로 떠올릴 수 없는 말들이 많이 있다는 뜻이에요. 그래서 가끔씩은 사전을 펴서 찾아볼 때가 있죠. 특히 전문적인 말들은 말이에요. 전 영어를 아직도 배우고 있어요.

I: 우리 모두 전 생애를 통해 배우려고 애를 쓰고 있죠. 제 연구에 도움을 주셔서 대단히 감사합니다. 정말 고맙게 생각합니다. 한국에 머무시는 동안 멋진 시간 보내시길 바랄게요. 다시금 감사드립니다.

에필로그

오랜만에 친구인 존 넬슨(John Nelson) 교수를 만났다. 은퇴를 앞둔 그는 다섯 벌의 안경을 책상 위에 놓고 번갈아 가며 쓰고 있었다. 트라이포컬(trifocal) 렌즈로 된 최신식과 가운데 일자로 금이 가 있는 구식을 모두 가지고 있었는데 가장 맘에 드는 안경은 가장 구식인 안경이라고 하면서 신식 안경들은 모두 '인간의 허영심'(human vanity)에서 나온 것이라고 오늘날의 테크놀러지 문명에 일침을 가했다.

넬슨 교수는 환경학을 전공했고 아인슈타인의 상대성 이론에 대해서 10분간 이야기할 수 있을 정도로 드물게 박식한 사람이다.

그는 실증주의적인 서양인답게 통계 인용을 좋아한다. 한국 이야기를 하면서 이번에도 어김없이 통계를 들먹였다. 옛날엔 세계 100위권 안에 드는 대학이 한국에 세 개나 있었는데 이제는 500위 안에 겨우 든다고 했고, 얼마 전에 세계 50대 금융 중심 도시를 선정했는데 거기에 서울이 들어가지 못했다고 하면서 우리나라의 앞날에 대해 우려를 표명하는 말들을 쏟아놓았다.

"기분 나쁘게 듣지는 말아요. 하지만 한국 이대로는 안 됩니다. 물론 절대적 관점에서는 한국이 많이 발전했어요. 그러나 인도나 중국, 싱가포르 같은 다른 나라들의 발전이 너무 눈부신 바람에 상대적으로 한국은 낙후되어 가고 있어요. 한국인들 정신 차려야 합니다."

서울의 한 대학교에 교환교수로 왔다가 하와이로 돌아간 한 미국인 교수도 비슷한 얘기를 하는 것을 들은 적이 있다. 그는 유교적 등급화(stratification) 사상이 한국사회의 모든 면에 침투해 있는데 이것이 특히 교육의 문제를 틀어쥐고 있다고 비판했다.

구체적인 해결책으로 그는 인격이나 인종을 등급으로 나누어 보는 일이나 수능고사, 토익, 토플과 같은 표준학력검사에 대해 지나친 신뢰를 부여하는 일을 경계해야 한다고 조언했다. 그래야만 자기가 좋아하게 된 한국이란 나라가 더 좋은 나라, 더 좋은 사회가 될 수 있을 것이라며 자신의 말을 우정 어린 충고로 받아들여 주었으면 좋겠다고 덧붙였다.

이들 외국인의 관점이 평소 우리들의 생각과 크게 다른 것 같지는 않다.

이미 살펴본 바와 같이 영어는 중요하다. 열심히 잘 배워서 꼭 마스터해야 한다. 하지만 영어만 잘해서는 먹고살 수 없다는 것 또한 사실이다. 여기에 우리의 깊은 고민이 있다. 영어 하나만도 충분히 어려운데, 영어 외에도 우리는 발전시켜야 할 것들이 많고, 바꾸고 개혁해 나가야 할 것들이 많다. 가장 긴요한 것 두 가지만 든다면 콘텐츠와 창의력일 것이다.

얼마 전 도서관에 들러 일본 나고야에서 발간된 일본학 저널 잡지 한 권을 서가에서 보았다. 시선을 사로잡는 매력적인 그림 콘텐츠들이 있었다. 색상과 선명도, 지질 등 인쇄기술 면에서나 내용의 독창성, 혹은 문화적 아이템으로서의 가치 면에 있어서도 국내에서 출판된 저널들과는 현격한 품질의 차이가 느껴졌다.

이런 차이는 영어만 잘해가지고는 좁혀지지 않을 것이다. 그러기에 우리의 진정한 경쟁력이 어디에서 오는지를 우리는 다시 고민해 보아야 한다. 언어 경쟁력을 위해 영어학습에 몰입하면서도 또 다른 경쟁력을 기르기 위해서 우리는 다시 어딘가로 눈을 돌려야 한다. 매 순간 깨어 있지 않으면 우리는 경쟁에서 밀리고 말 것이기 때문이다.

영어습득에 관해서 이제 중요한 것은 '왜?'의 문제가 아니다. '무엇을' '언제' '어디서' '어떻게' 배울 것인가 하는 것이 중요하다.

이 책은 한국인인 우리가 영어라는 외국어를 '어떻게' 배울 것인가를 알아보기 위해 '어떻게 배우는가?'라는 질문을 던져 보았다. 영어습득은 20여 개의 변수가 복합적으로 작용하는 복잡계 현상이기 때문에 학자들 사이에서도 이견이 많다. 하물며 책 한 권에 모든 얘기를 다 담을 수는 없었다.

서문에서도 얘기했듯이 영어습득에 대해선 반드시 이렇게 가야 한다는 정답이 없다. 그러나 이것이 어떤 문제점을 가지고 있고, 어떤 논의 과정을 거치며, 어떤 이론과 가설들이 나와 있는가에 대해 정보를 나누면서 함께 고민해 보고 싶었다. 그래야만 보다 더 합리적인 해결책을 도출해 낼 수 있으리라고 믿었기 때문이다.

만일 의도한 대로 이 책이 영어교육에 대해, 그리고 영어학습에 대해 '생각하는 우리' 또는 '반성하는 우리'가 되도록 한 기회를 제공해 줄 수 있었다면 그보다 더 큰 다행은 없겠다.

끝으로 끊임없이 자신의 영어를 갈고 닦고 벼려 나가야 하는 독자 여러분의 앞날에 건강과 행운이 깃들기를 빈다.

참고문헌

박경자 · 이희경. 2002. *영어습득의 이해.* 서울: 우용출판사.

이정희 · 한우근 역. 2004. *어떻게 외국어를 배우는가?* Erhard Dahl. 1999. 서울: 아르케.

유영익 편. 2000. *이승만 연구.* 연세대학교출판부.

권기붕 역. 2002. *초대 대통령 이승만의 청년시절.* 이정식. 동아일보사.

국사편찬위원회. 1973–76. *윤치호 일기 1-6.* 서울: 천풍인쇄.

윤병석 · 윤경로 편. 1995. *안창호 일대기.* 서울: 역민사.

조희숙 외 역. 2000. *사회 속의 정신: 고등심리과정의 발달.* Vygotsky, L. S. 1980. 서울: 양서원.

Albee, E. 1961. *The american dream and the zoo story.* Bergenfield, N. J.: The New American Library.

Akmajian, A. *et al.* 2001. *Linguistics: an introduction to language and communication.* Cambridge, Mass.: The MIT Press.

Benson, P. & Nunan, D. 2004. *Learners' stories: difference and diversity in language learning.* Cambridge: Cambridge University Press.

Brown, H. D. 2000. *Principles of language learning and teaching.* Addison Wesley Longman.

Bruner, J. 1985. Vygotsky: a historical and conceptual perspective. In Wertsch, J. (Ed.), *Culture, communication and cognition: Vygotskian perspectives,* 21-34. Cambridge: Cambridge University Press.

Cavell, S. 1995. *Philosophical passages: Wittgenstein, Emerson, Austin, Derrida.* Cambridge, Mass: Blackwell.

Chomsky, N. 1981. *Lectures on government and binding.* Dordrecht: Foris.

Corder, S. 1967. The significance of learners' errors. *International Review of Applied Linguistics V,* 161-169.

Danesi, M. 2000. *Semiotics in language education.* New York: Mouton de Gruyter.

Dittmar, N. 1984. Semantic features of pidginised learners of German. In Anderson, R. (Ed.), *Second languages: a cross-linguistic perspective,* 243-270. Rowley, Mass.: Newbury House.

Donato, R. 2000. Sociocultural contributions to understanding the foreign and second language classroom. In Lantolf, J. P. (Ed.), *Sociocultural theory and second language learning,* 27-50. New York: Oxford University Press.

Donato, R. & McCormick, D. 1994. A sociocultural perspective on language learning strategies: the role of mediation. *Modern Language Journal 78,* 453-464.

Dulay, H., Burt, M. & Krashen, S. 1982. *Language Two.* New York: Oxford University Press.

Dunn, W. E. & Lantolf, J. P. 1998. Vygotsky's zone of proximal development and Krashen's i + 1: Incommensurable constructs; incommensurable theories. *Language Learning 48,* 411-442.

Ellis, R. 1985. *Understanding second language acquisition.* Oxford University Press.

Elman, J. 1999. The emergence of language: a conspiracy theory. In MacWhinney, B. (Ed.), *The emergence of language,* 1-27. Mahwah, N. J.: Lawrence Erlbaum Associates, Publishers.

Guerra, C. 1996. Krashen's i + 1 issue revisited from a Vygotskian perspective. *TESOL-GRAM (The Official Newsletter of Puerto Rico TESOL) 23,* 7-8.

Guiora, A. Z. *et al.* 1972. Empathy and second language acquisition. *Language Learning 24,* 111-130.

Gupta, P. & Dell, G. S. 1999. The emergence of language from serial order and procedural memory. In MacWhinney, B. (Ed.), *The emergence of language,* 447-479. Mahwah, N. J.: Lawrence Erlbaum Associates, Publishers.

Harmer, J. 2001. *The practice of English language teaching.* Harlow, Essex: Longman.

Kager, R. 1999. *Optimality theory. Cambridge:* Cambridge University Press.

Kramsch, C. 1992. Contextes de comprehension. In Courchene, R. J. *et al.* (Eds.), *Comprehension-based second language teaching,* 63-76. Ottawa: University of Ottawa Press.

Krashen, S. 1981. *Second language acquisition and second language learning.* Oxford: Pergamon.

Krashen, S. 1985. *The input hypothesis: issues and implications.* Harlow: Longman.

Lakoff, R. T. 1990. *Talking power: the politics of language.* Basic Books.

Lantolf, J. P. & Appel, G. 1994. Theoretical framework: An introduction to Vygotskian perspectives on second language learning research. In Lantolf, J. P. & Apple, G. (Eds.), *Vygotskian approaches to second language research,* 1-31. Norwood, N. J.: Ablex Publishing Corporation.

Larsen-Freeman, D. & Long, M. H. 1991. An introduction of English reflexive binding by L1 Korean speakers. Doctoral dissertation, University of Southern California, Los Angeles.

Leontiev, A. N. 1981. *Problems of the development of mind.* Moscow: Progress Publishers.

Lightbown, P. M. & Spada, N. 2006. *How languages are learned.* New York: Oxford University Press.

Mercer, N. 1995. *The guided construction of knowledge.* Clevedon: Multilingual Matters.

Mey, J. 1985. *Whose language: a study in linguistic pragmatics.* Philadelphia: John Benjamins Publishing Company.

Mitchell, R. & Miles, F. 1998. *Second language learning theories.* London: Arnold.

Park, K. S. 2002. A Reflective Language Teaching Model for Teachers of English in Korea. Doctoral dissertation. Chung-Ang University Graduate School.

Pinker, S. 1994. *The language instinct.* London: Penguin Books.

Pulvermüller, F. 2001. Brain reflections of words and their meaning. *Trends in Cognitive Sciences 5-12,* 517-524.

Rogolff, B. 1990. *Apprenticeship in thinking.* Cambridge: Cambridge University Press.

Saville-Troike, M. 2006. *Introducing second language acquisition.* Cambridge: Cambridge University Press.

Schinke-Llano, L. 1993. On the value of a Vygotskian framework for SLA theory and research. *Language Learning 43,* 121-129.

Sclinker, L. 1972. Interlanguage. *International Review of Applied Linguistics X,* 209-230.

Smolensky, P. 1996. On the comprehension/production dilemma in child language. *Linguistic Inquiry 27,* 720-731.

Stemberger, J. P. & Bernhardt, B. H. 1999. The emergence of faithfulness. In MacWhinney, B. (Ed.), *The emergence of language,* 417-446. Mahwah, N. J.: Lawrence Erlbaum Associates, Publishers.

Vygotsky, L. S. 1978. *Mind in society: the development of higher psychological processes.* Cambridge, Mass: Harvard University Press.

Wertsch, J. V. 1985. *Vygotsky and the social formation of mind.* Cambridge, Mass: Harvard University Press.

White, L. 1989. *Universal grammar and second language acquisition.* Amsterdam: John Benjamins.

Wills, D. 2003. *Rules, patterns and words: grammar and lexis in English language teaching*. Cambridge: Cambridge University Press.

Yngve, V. 1996. *From grammar to science: New foundations for general linguistics*. Amsterdam: John Benjamins.

저자: 박길수(朴桔洙)

연세대학교 대학원과 미국 University of Kansas 대학원을 졸업했고, 중앙대학교에서 영어교육학 박사학위를 받았으며, 육군 제3사관학교와 안양대학교 교수를 역임하였다. 현재는 중앙대학교에 출강하면서 프리랜서 번역가 및 저술가와 출판기획 전문가로 활동하고 있다.

우리는 영어를 어떻게 배우는가 값 9,000원

2008년 7월 5일 1판 1쇄

저 자 박 길 수
발 행 인 임 삼 규
발 행 처 **지 문 당**
주 소 413-756 경기도 파주시 교하읍 문발리 514-7(본사)
110-360 서울시 종로구 와룡동 95번지(서울사무소)
등 록 1997. 12. 30. 제1-2268호
영 업 부 (02)743-3192~3 팩스(02)742-4657
전자우편 sale@jimoon.co.kr
편 집 부 (02)743-0227 팩스(02)743-3097
전자우편 edit@jimoon.co.kr
홈페이지 www.jimoon.co.kr

ISBN 978-89-88095-29-4

이 도서의 국립중앙도서관 출판시도서목록(CIP)은 e-CIP 홈페이지 (http://www.nl.go.kr/ecip)에서 이용하실 수 있습니다.(CIP제어번호: CIP2008001776)